KB250179

넥스트차이나

넥스트차이나

2012년 3월 16일 초판 1쇄 발행
2012년 4월 5일 초판 2쇄 발행

지 은 이 | 삼성경제연구소 신흥시장연구팀
펴 낸 곳 | 삼성경제연구소
펴 낸 이 | 정기영
출판등록 | 제302-1991-000066호
등록일자 | 1991년 10월 12일
주   소 | 서울시 서초구 서초2동 1321-15 삼성생명 서초타워 30층
　　　　　전화 3780-8153(기획), 3780-8084(마케팅)
　　　　　팩스 3780-8152
　　　　　이메일 seribook@seri.org

ⓒ 삼성경제연구소 2012
ISBN | 978-89-7633-441-1 03320

삼성경제연구소 도서정보는 이렇게도 보실 수 있습니다.
홈페이지(http://www.seri.org) → SERI 북 → SERI가 만든 책

넥스트 차이나

NEXT CHINA

| 삼성경제연구소 신흥시장연구팀 지음 |

India   Myanmar   Ukraine   Argentina   Iran
Indonesia   Bangladesh   Hungary   Lebanon   Romania
Malaysia   Uzbekistan   Brazil   Saudi Arabia   Russia
Pakistan   Republic of South Africa   Mexico   Morocco   Egypt
Thailand   Turkey   Chile   Nigeria   Kazakhstan
Vietnam   Poland   UAE   Iraq

삼성경제연구소

세계경제의 미래,
넥스트차이나에 달려 있다

2008년 글로벌 금융위기 이후 세계경제의 중심이 선진국에서 신흥국으로 이동하기 시작했다. 이러한 이동은 2011년 재정위기를 거치면서 더욱 속도를 내고 있다. 이동 범위도 브릭스(BRICs)를 넘어 동남아시아와 중동 및 북아프리카(MENA) 지역, 그리고 아프리카로 확대되면서 신흥국은 이제 세계경제의 중요한 축으로 떠올랐다.

신흥국의 부상은 일시적인 현상이 아니다. 앞으로도 20~30년 이상 지속될 현상이다. 선진국은 금융위기와 재정위기의 진원지일 뿐만 아니라 인구 구조 면에서도 신흥국에 비해 불리하다. '늙은' 선진국이 '젊은' 신흥국의 왕성한 성장과 소비를 따라가기에는 힘에 부쳐 보인다.

한국경제는 신흥시장을 활용하여 두 번의 글로벌 경제위기 속에서도 좋은 성과를 거뒀다. 두 번의 위기를 거치며 선진국 시장은 무너졌지만 신흥국 시장은 오히려 확장되었고, 2000년대 초반부터 신흥국 시장을 공략한 한국 기업들은 그 효과를 톡톡히 누렸다. 선진시장이 침체에 빠지는 동안 신흥시장의 부상을 활용하여 한국경제의 빠른 회복을 뒷받침한 것이다.

《일본경제신문》은 글로벌 경제위기 속에서도 선전하고 있는 한국경제에 주목하여 "한국, 그 강함의 비밀은?"이라는 기획기사를 게재했다(2012년 1월 16일자). 기사에서는 "세계 TV 시장에서 선두를 달리는 삼성", "미국의 포드를 따돌리고 세계 5위에 오른 현대·기아차"를 열거하면서 한국 기업의 선택과 집중, 글로벌화를 성공 요인으로 꼽았다. 인구도 적고 자원도 빈약한 한국이 적극적인 글로벌화, 그리고 선택과 집중의 구조조정을 통해 글로벌 경쟁력을 높였다는 분석이다.

글로벌화 가운데 특히 주효했던 것은 한국 기업의 신흥국 공략으로, 2008년 한국 수출에서 신흥국이 차지하는 비중은 55.6%에 이르렀다. 1990년 19.6%에 불과했던 것과 비교하면 그 비중이 눈에 띄게 커진 것을 알 수 있다. 하지만 문제가 없는 것은 아니다. 우선 특정 국가, 그중에서도 중국에 대한 의존도가 너무 높다는 것이 문제다. 중국 시장에 대한 한국경제의 수출 비중은 2000년 11%에서 2010년에는 25%까지 증가했다. 전체 수출의 4분의 1이 중국에 편중된 것이다. 편중의 위험은 명백하다. 중국경제가 경착륙할 경우 한국경제도 침체에 빠질 수 있다.

경쟁국의 중국 시장 공략이 날로 거세지고 있는 점도 위협 요인이다. 특히 우리의 주요 경쟁국인 일본은 2000년대 중반부터 대중(對中) 전략을 근본적으로 바꾸고 있다. 가장 큰 변화는 중국을 생산거점이 아닌 소비시장으로 공략한다는 점이다. 일본 기업들은 현지 사정에 맞춘 적정품질을 추구하는 동시에 가격은 낮춘 현지형 제품을 적극적으로 개발하고, 중국을 연구개발(R&D) 거점으로 활용하고 있다.

이러한 전략은 완제품업체뿐 아니라 부품소재와 인프라 등 전 부문에서 추진되고 있다. 그동안 한국 기업은 일본 기업이 중국 시장을 외면해온 까닭에 어느 정도 반사이익을 거둔 것이 사실이다. 하지만 이제부터는 진검승부가 펼쳐질 예정이다.

중국에 대한 과다 의존과 경쟁국의 전략 변화는 우리에게 새로운 신흥국 전략을 요구한다. 앞으로도 중국 시장에서 우리의 시장 점유율을 유지·확대하는 한편 다른 신흥국을 선점하는 전략도 병행해야 한다. 넥스트차이나 시장을 다루고 있는 이 책 역시 중국 이외의 신흥국 선점 전략에 초점을 맞추고 있다. 이 책에서는 신흥국 선점을 위해 알아야 하는 지식과 전략을 다음 순서로 설명하고 있다.

우선, 넥스트차이나가 어디인지 설명한다. 이를 위해 1부에서는 중국과 넥스트차이나와의 차이점을 설명하고 넥스트차이나 시대를 이끌 국가들을 소개했다. 넥스트차이나 국가를 선정한 방법에 대해서도 세밀하게 안내하고 있는데, 특히 기존의 세계 기준을 참고하면서도 한국경제의 시각에서 30개의 신흥국을 선정하고, 그

가운데 중국을 제외한 29개국을 넥스트차이나로 명명했다.

넥스트차이나가 어디인지를 알았다면 그 시장의 특성을 살펴보는 것이 다음 순서일 것이다. 넥스트차이나 국가들은 지리적 위치와 역사적 경험뿐 아니라 시장 규모와 소비자 특성에서도 중국과는 성격이 다르다. 따라서 이전과 다른 창의적인 접근이 필요하다. 2부에서는 그러한 접근방법의 하나로 '입체적 시장 분석'을 시도했다. 이를 위해 먼저 중국에 버금가는 시장 규모를 가진 넥스트차이나의 빅 3(인도, 브라질, 러시아)를 개별적으로 분석하고, 이어 지역과 소비 패턴에 따라 나머지 26개의 신흥국을 그룹별로 묶어 분석했다. 지역별로는 동남아시아부터 MENA 지역까지 6개 지역으로 나누었고, 소비 패턴 역시 6개 그룹으로 나누어 분석했다. 마지막으로 인구, 소득, 종교에 따라 국경을 초월하는 시장을 분석하여 '젊고 저소득층이 많으며 거대 이슬람 시장이 존재하는' 넥스트차이나의 특성을 도출했다.

시장 특성을 파악했다고 해서 무작정 진출하는 기업은 없을 것이다. 그 시장의 경쟁 기업이 누구인지를 점검하는 것은 필수 사항이다. 특히 잘 알려진 글로벌 기업이 아니라 현지의 신흥 기업들을 살펴보아야 한다. 현지 사정을 누구보다 잘 알고 있는 신흥 기업들을 파악해야 경쟁과 협력의 대응전략을 강구할 수 있기 때문이다. 3부에서는 인도와 브라질, 러시아의 신흥 기업뿐 아니라 우리에게 잘 알려져 있지 않은 동남아시아와 아프리카의 신흥 기업까지 분석했다.

마지막으로 4부에서는 넥스트차이나 시장 공략을 위한 진출전략을 제시했다. 수요층 발굴부터 잠재 리스크 대비까지 총 7개의 진출전략은 현실적인 사례에 바탕하고 있어 이 시장에 진출하고자 하는 기업이 반드시 유념해야 할 사항들이다. 특히 복합형 진출과 지역사회와의 상생을 다룬 장에서는 넥스트차이나 시장을 단순히 유망 시장으로 보기보다 지역사회의 발전을 고려한 상생 전략이 필요함을 역설하고 있다.

이 책은 신흥국 진출을 고려하는 기업과 이를 지원하는 정부 관계자뿐 아니라 위기 이후 세계경제의 변화와 신흥국의 부상, 유망 신흥국의 선정방법, 입체적 시장 분석방법, 소비 패턴 분석과 이슬람 시장의 특성, 신흥 기업의 전략과 특성 등 신흥국 시장에 대해 상세히 알고자 하는 일반인과 학생들에게도 유용한 지식과 통찰력을 제공할 것으로 기대된다. 이 책에서 전달하는 지식을 씨줄로 삼고 현지에서 경험으로 얻은 지혜를 날줄로 삼아 넥스트차이나 시장에 도전한다면 한국경제는 또 다른 도약의 기회를 맞이할 수 있을 것이다.

위기 이후 세계경제의 미래는 넥스트차이나에 달려 있다. 새로운 수요의 대부분을 창출할 넥스트차이나 시장에서 누가 주도권을 잡느냐에 따라 향후 세계경제의 판도가 달라질 것이다. 한국경제가 넥스트차이나 시장에서 새로운 도약의 계기를 마련하는 데 이 책이 다소나마 도움이 되기를 바란다.

2012년 3월
삼성경제연구소 신흥시장연구팀

차례

1부
넥스트차이나의 탄생

왜 넥스트차이나 시장에 주목해야 하는가?

2000년대 초반 골드만삭스는 중국을 비롯한 신흥경제 4국(브라질, 러시아, 인도, 중국)을 묶어 '브릭스(BRICs)'라 이름 붙였다. 그중 중국은 이미 나머지 국가들과 비견할 수 없을 만큼 크게 성장하여 세계경제의 중심에 섰다. 그 뒤를 인도, 브라질, 러시아와 동남아시아, 중남미, 아프리카의 신흥국 등이 추격하며 위상을 키우고 있다. 그러나 이 지역에 대한 관심과 정보는 중국의 그늘에 가려 상대적으로 적은 편이다. 이에 삼성경제연구소에서는 중국 이외의 신흥국 중 빠르게 부상하는 나라와 지역을 '넥스트차이나(Next China)'로 정의하고, 시장 특성과 진출전략에 대해 구체적으로 분석하고자 한다. 그렇다면 넥스트차이나 시장을 주목해야 하는 이유를 상세히 살펴보자.

경제 규모의 급속한 성장

가장 먼저 경제 규모가 급속히 성장하고 있다는 점을 눈여겨봐야 한다. 2010년 중국은 오랫동안 세계 2위를 유지하던 일본을 제치고, 전 세계 GDP 순위 2위국으로 부상했다. 2000년 6위에서 불과 10여 년 만에 급부상한 것이다. 게다가 10여 년 후인 2020년이면 1위인 미국의 자리까지 넘볼 것으로 전망된다.

중국의 화려한 부상에 가려졌으나 인도와 브라질 역시 지난 10년간 꾸준히 성장했다. 인도는 2000년 16위에서 2010년 9위로, 브라질은 11위에서 7위로 GDP 순위가 껑충 뛰어올랐다. 앞으로도 10~20년 동안은 이들의 성장이 지속될 것으로 예상된다. 경제전망기관인 글로벌 인사이트(Global Insight)는 앞으로 10년 안에 인도의 경제 규모가 일본을 뛰어넘고, 2021년에 이르면 중국, 미국에 이어 3위로 성장할 것이며, 브라질 또한 2020년 5위권 안에 진입할 것이라고 전망했다. 또 2037년에는 인도가 미국을 제치고 중국에 이어 2위의 경제대국으로 부상할 것이며, 브라질 또한 2029년이면 일본을 제치고 중국, 미국, 인도에 이어 4위에 오를 것이라고 전망했다.

인도와 브라질 외에 인도네시아, 말레이시아, 태국, 필리핀, 베트남 등의 아세안 5개국(ASEAN 5)과 남아프리카공화국을 비롯한 아프리카 국가들도 성장에 속도를 내고 있다. 2011년, 시티그룹은 2030년이면 인도네시아가 독일의 경제 규모를 추월할 것이라는 보고서를 내놓았다.[1] 보스턴 컨설팅그룹(BCG) 역시 브릭스에 인도네시아를 추가해 '브리시(BRICI)'라는 용어를 사용함으로써

● 주요 넥스트차이나의 GDP 규모 순위 추이

(단위 : %)

	2000년	2010년	2020년	2030년	2040년
인도	16위 (1.4)	9위 (2.7)	4위 (5.4)	3위 (9.5)	2위 (15.2)
브라질	11위 (2)	7위 (3.3)	5위 (3.9)	4위 (4.2)	4위 (4.3)
아세안 5개국	15위 (1.5)	12위 (2.5)	9위 (3.1)	6위 (3.6)	5위 (4.1)
아프리카	12위 (1.8)	10위 (2.7)	11위 (2.9)	7위 (3.1)	6위 (3.4)
중국	6위 (3.7)	2위 (9.3)	1위 (18.8)	1위 (22.9)	1위 (24.5)

주: 1) 시장환율 기준이며, 괄호 안은 전 세계 GDP에서 차지하는 비중을 의미한다.
　　2) 아세안 5개국은 인도네시아, 말레이시아, 태국, 필리핀, 베트남을 지칭하며, 하나의 국가처럼 취급해 전체 순위를 계산
　　　했다.
　　3) 아프리카는 사하라 이남과 이북을 포함한 전체 아프리카 지역을 의미하며, 전체 아프리카를 하나의 국가처럼 취급해
　　　순위를 계산했다.
자료 : Global Insight (2011)

그 잠재력을 인정한 바 있다. 글로벌 인사이트는 2033년경에 이르면 아세안 5개국의 경제 규모가 일본을 추월할 것이며, 2040년경에는 전 세계 GDP의 4.1%를 차지할 정도로 성장할 것이라고 전망했다. 5개국을 하나의 단위로 통합할 경우 전 세계 5위의 경제대국이 되는 것이다.

아프리카도 잠재력이 매우 큰 시장이다. 2010년을 기준으로 볼 때 전체 아프리카의 GDP 규모는 인도와 비슷한 수준인 1조 6,000억 달러 정도다. 이는 전 세계 GDP의 2.7%를 차지하는 규모로, 향후 경제발전이 본격화될 경우 더욱 괄목할 만한 성장이 예상된다. 글로벌 인사이트는 2040년경에 이르면 아프리카의 경제 규모가 전 세계의 3.4%를 차지하여 그 시점의 일본을 추월할 것이라고 전망했다.

---

1 Buiter, W. (2011). "Global Economic Review 2011-02". Citi group.

이처럼 향후 10~30년간은 중국뿐 아니라 그에 이어 부상하는 신흥국들이 세계경제의 중요한 축으로 자리 잡을 가능성이 크다. 따라서 우리도 넓고 긴 안목으로 이들을 연구하고 적절한 대응전략을 준비해야 한다. 2040년에 이르면 이들의 GDP 규모가 세계 2, 4, 5, 6위에 오르고, 전 세계 GDP의 27%를 차지하여 그 시점의 중국(24.5%)을 추월할 전망이기 때문이다.

중국에 편중된 경제관계 다각화

경제관계를 다각화하고 중국 리스크에 대비하기 위해서도 넥스트차이나 신흥국은 주목해야 할 대상이다. 중국의 부상과 한중 경제관계의 확대에 따라 한국경제의 대(對)중국 의존도가 급속히 커지고 있다. 실제로 한국의 전체 수출에서 중국이 차지하는 비중은 2000년 11%에서 2010년 25%로 증가했고, 그 외에도 많은 부문에서 중국 의존도가 확대되는 중이다. 이로 인한 위험을 피하고 성장동력을 다각화하기 위해서는 넥스트차이나 시장에 대한 기업과 정부의 관심이 반드시 필요하다.

게다가 저임금 생산기지였던 중국의 기능을 대체 또는 보완할 지역이 필요하다. 실제로 2011년 5월, 유명 패션 브랜드인 코치(Coach)는 생산라인의 탈중국화 계획을 향후 5년간 실행하겠다고 밝혔다. 즉, 중국 생산 비중을 85%에서 40~50%로 줄여 나가고 대신 임금이 낮은 인도, 베트남, 필리핀 진출을 강화하겠다는 것이다.[2] 또한 2010년 12월, 독일의 2대 여성복 생산업체인 게리웨버 인터내셔널(Gerry Weber International)은 생산라인을 중국에서 동남

아시아나 서남아시아 지역 등 여타 아시아 국가들로 이전하고 있다고 발표했다.[3]

소비시장 확대와 다양한 사업 기회

넥스트차이나 신흥국에 주목해야 하는 세 번째 이유는 다국적기업의 진출과 로컬 기업의 성장으로 시장이 급속도로 확대되고 있기 때문이다.

경제가 성장한다는 것은 그만큼 시장도 커진다는 뜻이다. 다국적기업들이 이런 시장을 지나칠 리 없다. 실제로 최근 들어 일본의 글로벌 기업들은 전방위적으로 신흥국 시장에 진출하고 있으며 정부의 적극적인 지원 아래 인프라 건설, 자동차, 전자 등으로 분야를 확대하고 있는 상황이다.[4]

인도의 경우 휴대폰 시장의 성장이 특히 눈에 띈다. 인도통신규제국(TRAI)의 발표에 따르면 2003년부터 2010년까지 연평균 68%씩 성장했고, 2010년 9월에는 가입자 수 6억 5,000만 명을 기록하여 중국에 이어 세계에서 두 번째로 큰 시장이 됐다. 보스턴 컨설팅그룹의 보고서는 2015년에 이르면 가입자 수가 9억 5,000만 명을 돌파할 것이라고 전망했다.[5] 현재는 노키아의 뒤를 이어 삼성전자, LG전자 등 한국 기업들이 인도의 휴대폰 시장을 주도하고

---

2 "Coach to shift manufacturing from China" (2011. 5. 12). *Financial Times*.
3 "Gerry Weber Aims for Profit Boost From Cost Cuts, Expansion in Wholesale" (2010. 12. 8). Bloomberg.
4 "Japan's appetite for emerging markets soars" (2010. 7. 18). *Financial Times*.
5 Marcos Aguiar et. al. (2010. 9). "The Internet'a New Billion". BCG.

있다. 또한 인도와 브라질의 자동차 시장도 한국의 현대자동차와 일본, 유럽, 미국 자동차 회사들의 진출로 매년 빠르게 성장하는 상황이다.

로컬 기업의 부상 또한 만만치 않다. 인도의 타타(Tata), 릴라이언스(Reliance) 등 대규모 기업 집단과, 브라질의 게르다우(Gerdau)와 여러 식품회사의 부상은 해당 시장에 중요한 기회를 제공하고 있다. 이들의 부상에 따라 선진 기업의 손이 닿지 않는 중·저소득 계층 대상의 시장이 확대되었고, 동시에 이 기업들의 제품 생산에 필요한 각종 부품이나 서비스 수요가 증가하면서 외국 기업들에게도 기회가 열리고 있다.[6]

지속 가능한 수익과 성장

마지막으로, 진출에 성공할 경우 지속적인 수익과 성장이 가능하다는 점도 넥스트차이나 국가의 매력이다. 맥킨지(McKinsey)가 미국의 소비시장을 분석한 결과, 1925년에 시장을 선도했던 17개 기업이 100년 동안 해당 분야에서 꾸준히 1, 2위를 유지한 것으로 확인되었다. 대표적인 예가 델몬트(Delmont), 크래프트푸드(Kraft Foods), 링글리(Wrigley) 등이다. 넥스트차이나 시장에서도 초기에 시장을 선점한다면 장기적으로 이를 유지할 가능성이 매우 높다. 소비 경험 자체가 없는 사람들은 일단 고객이 된 후에는 쉽게 이탈하지 않기 때문에 신흥시장에서 한번 입지를 굳히고 나면 계속

---

6 이러한 기업의 부상에 대해서는 이 책 3부에서 별도로 다룬다.

해서 우월한 지위를 유지할 수 있다. 1990년대 중반, 인도의 전자 제품 시장에 진출한 삼성전자와 LG전자가 현재까지 점유율 1, 2위를 다투며 성장 중인 것도 좋은 예라 할 수 있다.

저출산, 고령화 등으로 인해 국내 시장의 성장 잠재력이 갈수록 낮아지고 있다. 이런 상황에서 넥스트차이나라는 신시장은 앞으로 10~30여 년간 강력한 성장 엔진 역할을 할 것으로 보인다. 따라서 이들 시장에 대한 투자는 이제 선택이 아니라 필수가 되었다. 이미 비대해진 중국과는 차별화된 전략으로 접근할 필요가 있다.

중국 vs. 넥스트차이나

지금까지 브릭스(BRICs)는 신흥국을 대표하는 단어였다. 그러나 21세기 들어 중국은 성장을 거듭하면서 브릭스 내에서 경제적 영향력을 키워왔고 그 결과 나머지 3국, 더 나아가 넥스트차이나 국가들과 경제 규모 면에서 격차를 벌려왔다. 2003년 이후 신흥국의 대표 주자는 중국이었다고 해도 과언이 아니다.

중국은 우리와 거리도 가깝고 문화적으로도 동질성이 강하여 다른 국가에 비해 무역이나 투자 활동을 하기가 용이하다. 그로 인해 그동안은 우리의 관심도 중국에 치우쳐 있었던 것이 사실이다. 그러나 소비시장, 생산기지, 원료의 조달기지라는 측면에서 볼 때 넥스트차이나는 중국과 함께 향후 우리 경제가 협력을 확대해야 할 중요한 시장이다.

(단위 : 십억 달러)

		GDP(시장환율 기준)			GDP(구매력 평가 기준)			수입 규모
		2008년	2009년	2010년	2008년	2009년	2010년	2009년
중국(C)		4522	4991	5879	8218	9057	10085	1006
5대 넥스트 차이나 국가	브라질	1653	1594	2088	1994	1999	2169	134
	인도	1214	1381	1729	3442	3791	4199	250
	러시아	1661	1222	1480	2878	2678	2812	192
	인도네시아	510	539	707	911	961	1030	92
	남아공	275	283	364	509	505	524	73
	합계(N)	5313	5019	6368	9734	9934	10734	741
N/C		1.17	1.01	1.08	1.18	1.10	1.06	0.74

자료: World Bank DB.

대등한 GDP 규모

13억의 인구를 가진 중국은 절대 규모나 질적 규모로 볼 때 신흥국 중 가장 큰 시장이다. 그러므로 넥스트차이나 개별 국가들의 시장 규모를 중국에 비교하기는 어렵다. 인도 정도가 잠재력 면에서 중국에 근접하지만 브라질이나 러시아는 비교하기 어려운 수준이다. 2010년, 중국의 GDP 규모는 중국을 제외한 브릭스 3국에 인도네시아, 남아프리카공화국을 합친 5개국의 GDP 규모와 거의 비슷했다. 이 점이 바로 신흥국 전체를 중국과 넥스트차이나 국가들로 나누어서 살펴야 하는 이유이다.

 2010년 중국의 시장환율 GDP는 5조 8,790억 달러, 나머지 5개국의 통합 GDP는 6조 3,680억 달러였다. 구매력 평가에 의한 GDP 역시 중국이 10조 850억 달러로 10조 7,340억 달러인 5대 넥스트차이나 국가와 크게 차이를 보이지 않았다. 그러나 수입 규모는 중국이 2009년 1조 60억 달러로 나머지 5개국의 7,400억 달러보다 35% 이상 컸다.

시장 선점 유리한 넥스트차이나

경쟁 압력 면에서는 넥스트차이나가 중국에 비해 유리하다. 시장의 크기만큼 중요한 것이 시장의 경쟁적 측면이다. 중국이 2001년 세계무역기구(WTO)에 가입한 이후 중국의 상품 무역 시장은 선진국과 다름없는 수준으로 개방되었다. 그 결과, 중국 시장에는 자국의 국영기업과 대규모 민영기업뿐 아니라, 서구와 일본의 다국적기업이 진출하여 생산과 판매 활동을 하고 있다. 자동차, 전자, 화학 등 주요 산업에서 중국은 이미 세계 다국적기업의 각축장이 되었다고 볼 수 있다.

이에 비해 넥스트차이나 국가의 경우, 인도와 같이 관세율이 높거나 러시아처럼 이제 막 WTO에 가입한 국가가 포함되어 있다. 또 사회간접자본이나 자원 부문을 장악한 소수 기업들이 대부분 영향력을 행사하고 있어 아직은 제조업 부문으로 진출이 용이하고 현지 기업과의 협력 가능성도 크다. 결국 넥스트차이나는 중국에 비해 선점의 필요성과 가능성이 큰 시장이라고 할 수 있다.

생산기지 면에서 우위 점하는 중국

생산기지로서 비교해보면 아직은 중국이 우위에 있다고 할 수 있다. 생산기지가 되기 위해서는 저렴한 생산요소를 공급할 수 있어야 하고 부품산업이나 중간재산업도 발달되어 있어야 한다. 노동력 공급 측면에서 인도를 제외한 다른 신흥국은 13억 인구의 중국과 비교할 수 없다. 또 인도의 노동력에 비해 중국의 노동력은 문맹률이 매우 낮은 편이다. 동시에 오래전부터 다국적기업이 진출해 있어 중간재, 소재, 부품산업도 잘 개발되어 있다. 중급 기술 제품의 생산기지로는 중국이 더 우월해 보인다. 그러나 이미 생산기지로서 최대한 활용되고 있고 그동안의 고도성장으로 인해 인건비가 급속히 상승하고 있는 것이 단점이다. 특히 다국적기업이 집중적으로 들어선 연안지역의 인건비 상승세는 더욱 가파르다. 실제로 노동집약적 산업에 종사하는 일부 다국적기업들은 중국의 인건비 상승을 견디지 못하고 인도네시아나 베트남, 방글라데시 등으로 이전하는 중이다.

또한 생산기지로 활용하기 위해서는 최종 제품을 판매할 수 있는 시장이 존재해야 하며 부품이나 중간재 조달이 용이해야 한다. 여기서 말하는 시장이란 선진국 시장을 의미한다. 이 점에서 중국과 넥스트차이나는 서로 다른 얼굴을 하고 있다. 중국은 과도한 무역수지 흑자로 미국과 유럽연합(EU)의 반발을 사고 있을 뿐만 아니라 위안화의 평가절상 압력을 받고 있다. 선진국 경제가 조기에 회복되지 않는다면 이들의 대(對)중국 통상 압력은 더욱 강화될 것이다.

넥스트차이나의 일부 국가는 지리적 혹은 제도적으로 미국 및 유럽 시장과 통합되어 있어 중국보다 선진국 시장으로의 접근이 양호한 편이다. 중남미의 멕시코, 칠레 등은 미국과 FTA를 체결했고 유럽의 넥스트차이나인 폴란드, 헝가리, 루마니아 등은 유럽연합의 일원이다.

　물류 측면의 효율성도 중요하다. 생산기지로 활용되기 위해서는 해외 연계가 잘 이루어져야 한다. 세계은행이 국제무역의 물류 사정을 조사해서 순위를 매긴 물류성과지수(LPI, Logistic Performance Index)를 보면 2010년 중국은 27위였고 넥스트차이나 국가인 인도는 47위, 브라질은 41위, 러시아는 94위였다. LPI는 세관 절차, 인프라, 해운 수송, 물류 역량 등 6개 부문을 평가하여 만들어진 지표로, 여기에서 앞서지 못하면 생산기지로서의 잠재성이 낮다고 볼 수 있다. 이 점은 넥스트차이나를 주목할 때 신중히 고려해야 할 부분이다.

자원부국이 많은 넥스트차이나

자원 확보 측면에서는 넥스트차이나가 중국보다 우세하다. 중국은 다수의 천연자원을 보유하고 있지만 지난 20여 년간 고도성장 과정에서 가장 중요한 자원 소비국으로 부상했다. 2010년 중국은 원유 수입에 1,350억 달러, 철광석 수입에 789억 달러를 진출했다. 또 구리 및 구리 제품에 340억 달러 이상, 대두유에 251억 달러, 석탄에 170억 달러를 사용했으며, 천연고무, 목재, 면화, 팜오일 등도 대량으로 수입하고 있다. 세계의 자원 가격이 중국의 성장에 맞춰 상승할 정도였다. 따라서 중국과의 자원 협력은 극히 소수 분야에 제한될 것이다.

　이에 비해 넥스트차이나에는 자원부국이 많다. 브라질, 러시아, 인도네시아, 남아프리카공화국 등은 대규모 자원을 보유한 자원부국이고 아직 개발되지 않은 자원도 헤아릴 수 없을 정도로 많다. 인도 역시 철광석, 구리 등의 광석 자원과 농업 자원이 풍부하다. 중국과 인도 등 주요 신흥국이 발전할수록 자원 가격은 계속해서 상승할 것이다. 자국의 자원만으로는 늘어나는 수요를 충당할 수 없어 해외에서 자원을 조달하지 않으면 안 되기 때문이다.

세계은행은 지난 2000년에서 2008년까지가 20세기 이후 가장 오랫동안 1차 상품의 경기가 좋은 시기였다고 평가했다. 거의 1세기 만에 나타난 장기적인 자원 붐이었는데 2003년에서 2008년까지는 1차 상품의 평균 가격이 미국 달러를 기준으로 2배까지 상승했다. 유기 상승에서 시작된 1차 상품 붐은 금속 광물을 거쳐 농산물 부문으로 확산되었으며 석유 및 광물 자원 보유국 외에 밀, 쌀, 팜오일, 면화 등을 생산하는 저소득 농산물 생산국들도 수혜를 입었다. 중국과 인도가 지금처럼 고도성장을 계속한다면 천연자원을 보유한 넥스트차이나 역시 동반성장하며 소비 시장으로 전환될 가능성이 높다.

또한 자원 보유국 중에는 석유와 같이 재생 불가능한 자원에 기반을 둔 국가가 많다. 이런 국가들은 향후 산업구조를 고도화하기 위해 외국인 투자를 적극적으로 유치하려 할 것이다. 따라서 외국인 투자 유치를 위한 인프라 사업도 잠재성이 크다.

문화적 거리, 정치적 위험 극복이 과제

결론적으로 넥스트차이나는 자원 시장에서는 중국을 압도하고 있지만 소비시장이나 생산기지로서는 아직 중국에 비해 외형적인 여건이 좋지 않은 편이다. 그러나 미래 잠재력이 크고, 일부 분야에서는 지금도 높은 가능성을 갖고 있다는 점을 주목해야 한다. 자원부국이 많고 이를 기반으로 거대 인프라 시장이 형성될 가능성이 있으며 중산층이 두터워지면서 소비시장이 커지고 있는 것이다.

한편 넥스트차이나를 대상으로 사업을 추진할 때는 중국과 다른 점을 인식해야 한다. 중국은 문화적으로 우리 기업에게 익숙한 시장이지만 넥스트차이나의 많은 국가는 그렇지 않다. 우선, 중국은 지리적으로 가깝기 때문에 수송비용이 적게 들고, 같은 유교 문화권이어서 소통이 용이하며, 인프라 등 사업환경이 잘 구비되어 있다. 이미 많은 한국 기업이 진출해 있기 때문에 비즈니스 네트워크 면에서도 유리하다. 이에 비해 넥스트차이나 국가는 문화, 종교적으로 상당한 거리가 있어 글로벌 시장 경험이 적은 중소기업에게는 쉽지 않은 시장이다.

정치적인 측면에서도 차이가 있다. 중국은 정치발전과 경제발전 속도에 차이가 있어 체제 안정을 확신할 수 없다는 평가를 받는다. 하지만 중국인들이 현재 누리는 경제적 편익을 포기하지 않으리라는 점을 감안할 때 정치체제는 안정을 유지할 것으로 보인다. 이에 비해 넥스트차이나 중 일부 국가는 여전히 정치적으로 불안하다. 이 역시 넥스트차이나 신흥국을 대상으로 사업을 전개할 때 반드시 고려해야 할 사항이다.

넥스트차이나 시대를 이끌 주역 국가들

그렇다면 넥스트차이나 시대를 이끌 신흥국에는 어떤 나라가 포함될까? 결론부터 말하자면 전략신흥국 30(KEM 30, Key Emerging Market)에서 중국을 제외한 29개국을 넥스트차이나 신흥국으로 정의한다. KEM 30에 어떤 나라가 포함되고, 어떻게 선정되었는지 상세히 살펴보자.

전략신흥국 30 중 중국을 제외한 29개국

신흥국이란 일반적으로 개발도상국이나 비선진국을 지칭할 때 사용되는 개념이다.[7] 국제통화기금(IMF)은 '기존 선진국을 제외'

---

7 신흥경제국(Emerging Economies), 신흥시장(Emerging Market) 등 다양한 관련 용어가 있다.

● **전략신흥국 30의 지역별 분포**

	아시아(11)	유럽(6)	중남미(4)	중동(5)	아프리카(4)
국명	중국 인도 인도네시아 말레이시아 파키스탄 태국 베트남 카자흐스탄 미얀마 방글라데시 우즈베키스탄	러시아 터키 폴란드 루마니아 우크라이나 헝가리	브라질 멕시코 아르헨티나 칠레	UAE 사우디아라비아 이란 이라크 레바논	남아프리카공화국 나이지리아 이집트 모로코

한다는 의미에서 비선진국 149개국을 신흥개발도상국(Emerging and Developing Economies)으로 분류했다. IMF 외에도 많은 국제기구들이 나름의 기준으로 신흥국을 분류하지만, 개념이 지나치게 광범위하고 통일성이 떨어지는 경향이 있다. 또 구성하는 국가의 수가 일정치 않고 구분 기준이 자의적인 것도 문제다. 이러한 문제를 보완하고 금융위기 이후 변화한 경제적 위상을 정확히 파악하기 위해서는 보다 정밀한 분류 기준이 필요하다.

한국의 시각에서 재분류한 신흥국

신흥국은 일반적으로 높은 경제성장을 바탕으로 산업화가 빠르게 진행 중인 국가로서, 개발도상국에서 선진국으로 이행하는 중간 단계의 국가를 의미한다. 이러한 틀 안에서 우리는 신흥국에 대한 기존 분류의 한계점을 두 가지 측면에서 보완하고자 한다.

우선, 이 책에서는 문자 그대로 "2000년대 이후 새롭게 흥하고 있는 국가"로 해석했다. 이렇게 하면 2000년대에 들어선 이후 높은 경제성장률을 달성하며 세계경제에 새롭게 부상한 국가로 한정할 수 있다. '신(新)'의 측면에서는 기존 선진국과 신흥공업경제지역(NIEs)이, '흥(興)'의 측면에서는 개발도상국의 빈국과 소국이 각각 범주를 벗어난다. 이를 통해 IMF가 정의하는 신흥국에서 빈국과 소국을 제외시켰다.

두 번째는 "한국의 관점에서 본 신흥국"이라는 새로운 시각을 도입했다. 이렇게 하면 글로벌 경제 전체가 아니라 특정 국가의 시각에서 신흥국을 정의할 수 있다. 미국이 정의하는 신흥국과 한국이 정의하는 신흥국이 다를 수 있으므로, 한국 정부와 기업의 관점에서 최우선 진출 대상국으로 삼을 수 있는 나라, 이른바 전략신흥국을 선정했다. 수출과 투자를 했을 때, 전략적으로 의미가 큰 국가를 중심으로 시장을 개척하는 것이 효율적이라고 판단했기 때문이다.

이를 위해 IMF가 정의한 신흥국을 경제 규모와 성장성을 기준으로 필터링한 다음, 수출 확대 가능성, 진입 효율성 등을 종합하여 평가했다. 그 결과, 전체 149개국 중 50개국으로 분석 대상이 압축되었다. 계량적 분석을 통해 한국의 수출 확대 가능성을 도출했고, 한국과의 경제적 거리[8]를 진입 효율성으로 각각 평가하여 최종 30개국을 선정했다.[9]

---

8 경제적 거리는 국가 간 1인당 GDP의 차이, 문화(종교) 또는 언어의 차이, 제도적 차이 등을 의미한다.
9 KEM 30의 선정은 2010년 10월에 발표된 삼성경제연구소의 보고서 "신흥국 소비시장의 부상과 대응 전략(복득규 외)"에서 분석된 내용을 활용했다.

다양한 지역 분포와 높은 성장 잠재력

최종적으로 선출된 KEM 30 중 선두 그룹인 브릭스는 세계경제에서 차지하는 비중이 크고 한국의 입장에서도 여전히 중요도가 높은 것으로 나타났다. 브릭스를 제외한 나머지 26개국은 세계 각지에 다양하게 분포되어 있지만 한국경제와의 친밀도, 그리고 한국 기업의 진입비용 등이 고려되었다는 점에서 기존 신흥국의 범주와 차별화된다. 최대 신흥시장인 아시아가 11개국으로 가장 많이 포함되었고 최근 새로운 소비시장으로 떠오르고 있는 아프리카도 4개국이나 포함되었다.

KEM 30은 현재의 경제 현황과 향후 성장 잠재력도 높은 것으로 평가되고 있다. 글로벌 금융위기 이후 선진국과 달리 빠른 회복세를 보이며, 2000년대 들어 성장을 가속화하고 있기 때문이다. 경기회복이 본격화된 2010년 선진국의 성장률이 2% 정도에 머문 데 반해, KEM 30은 약 4~7%의 성장률을 달성했다. 이러한 고성장에 힘입어 KEM 30의 GDP 규모는 2009년 기준 G7 그룹 전체의 약 절반 규모에 이르게 되었다. 이 책에서는 이러한 넥스트 차이나 시대를 이끌 주역 국가들을 다양한 측면에서 분석하고, 각각의 진출전략을 제시하고자 한다.

전략신흥국 30의 선정방법[10]

1단계: 신(新)과 흥(興)을 기준으로 50개국 선성

먼저, 2008년 GDP를 기준으로 IMF가 정의한 신흥경제 149개국을 경제 규모순으로 배열한 뒤 그중 가장 순위가 낮은 49개국은 성장성의 관점에서 배제했다. 상위 100개국 중 성장성과 성장 가능성이 높은 50개국을 추려낸 것이다. 성장성은 1인당 GDP와 최근 10년간의 성장률[11]을, 성장 가능성은 인구와 면적, 향후 10년간의 예상 성장률 순위를 각각 사용했다. 여기서 사용된 5개 변수의 상관분석 결과 최근 10년간의 성장률은 인구, 면적, 1인당 GDP, 미래 10년 예상 성장률과 양의 상관관계에 있으며, 향후

---

10 복득규 외 (2010. 10. 7). "신흥국 소비시장의 부상과 대응전략." 삼성경제연구소.
11 최근 10년 연평균 GDP 성장률은 WDI(World Development Indicator)의 2008년을 기준으로 수집 가능한 가장 최근의 GDP 데이터를 사용했으며, 아프가니스탄 등 11개국은 5~9개년 평균으로 대체했다.

러시아	남아프리카공화국	폴란드	콩고	방글라데시
중국	카자흐스탄	말레이시아	미얀마	우즈베키스탄
브라질	앙골라	칠레	필리핀	말리
멕시코	페루	이집트	이라크	벨라루스
사우디아라비아	수단	태국	모로코	헝가리
터키	나이지리아	파키스탄	아프가니스탄	잠비아
인도	알제리	에티오피아	UAE	베네수엘라
아르헨티나	리비아	베트남	모잠비크	예멘
이란	콜롬비아	탄자니아	케냐	레바논
인도네시아	우크라이나	루마니아	오만	보츠와나

10년간의 예상 성장률은 1인당 GDP와 음의 상관관계에 있는 것으로 나타났다. 이를 통해 러시아(52.0)를 선두로 보츠와나(187.3)까지 신흥 50개국이 1차 분석 대상국으로 선정되었다. 한편 1차 분석 대상 50개국에는 글로벌 연구기관 등이 이미 유망 신흥국으로 분류한 브릭스(BRICs), 비스타(VISTA)[12], 넥스트 11(NEXT 11)[13] 등이 모두 포함되었다.

2단계: 한국의 시각에서 30개국 선별

신흥 50개국을 대상으로 수출 확대 가능성과 진입 효율성을 분석한 결과 한국의 시각에서 본 우선 진출국 30개국이 선정되었다.

---

12 일본 브릭스 경제연구소가 2006년 소개한 용어로 베트남, 인도네시아, 남아프리카공화국, 터키, 아르헨티나를 가리킨다.
13 골드만삭스가 2005년 소개한 용어로 방글라데시, 이집트, 인도네시아, 이란, 한국, 멕시코, 나이지리아, 파키스탄, 필리핀, 터키, 베트남을 가리킨다.

수출 확대 가능성은 중력모형을 활용하여 대상국별 한국의 수출량을 이론적으로 계산한 후, 이를 실제 수출량으로 나누어 간접 평가했다. 즉, 이론치/실제치가 1보다 크면 수출 확대의 여지가 있다고 판단한 것이다.[14] 중력모형은 두 나라의 교역 규모가 양국의 GDP의 곱에 비례하고 국가 간 거리에 반비례한다는 것을 전제하는 경제 이론으로, 얀 틴베르헨(Jan Tinbergen) 이후 많은 경제학자들이 발전시켰다. 초기 모형에는 경제 규모(GDP)와 국가 간 거리만 포함되었지만, 이후 모형에는 양국 간 교역 규모에 영향을 미칠 것으로 예상되는 1인당 GDP, FTA 체결 건수, 공통 언어 사용 여부, 접경지역 유무, 식민지 관계 등의 변수가 추가로 도입되었다. 이 책에서는 경제적 요인 외에도 언어, 식민통치 경험 등의 비경제적 요인을 추가해 기존 모형을 보완했다.[15] 중력모형을 활용한 회귀분석이 통계적으로 이론에 부합한다면, 양국 간 무역이 장기 균형점에 도달하지 않았다는 의미이기 때문에, 회귀 분석 후의 잔차(residual)는 양국 간의 무역 확대 가능성으로 대체 사용했다.

　경제적, 지리적, 문화적 거리를 고려한 최종 중력모형을 패널 데이터로 확장한 다음 패널 회귀분석을 실시한 결과, 회귀계수의 부호는 기존 이론과 일치했다. 즉 상대국의 GDP와는 양의 상관관계를, 거리와는 음의 상관관계를 나타낸 것이다. 한편 기존 변

---

14 동일한 방법론을 활용한 논문으로는 Batra (2004), Helemrs and Pasteel (2005), Peridy(2005) 등 다수가 있다.

15 중력모형을 활용하는 방법론에 대해 지리적 요인이나 경제적 요인보다 기타 요인들이 더 많은 영향을 줄 수 있다는 주장이다. 모형이 제대로 추정(fully specified)되었을 경우, 잔차에는 각국 고유의 특성이 남아 있지 않기 때문에 잠재성 추출이 불가능하다는 주장 등 다양한 논의가 진행 중이다.

● 패널 중력모형 추정결과

계수(유의)	계수 및 t-값		계수(무의)	계수 및 t-값	
GDP	0.79	41.8**	1인당 GDP 차이	−0.04	−1.5
지리적 거리	−0.11	−6.2**	민간소비 비중	−0.20	−0.9
중화 문화권	0.46	5.6**	영어 사용 여부	0.02	0.5
FTA 체결 여부	0.23	2.0*	상수	−0.03	−1.8

주: R^2=0.76, DW=0.20이며, **는 1%, *는 10% 수준에서 유의함을 의미한다.
　변수 간 다중공선성 체크를 위해 F−test를 실시했다.

수 외에 사용된 변수 중 양국 간 FTA 체결 여부는 양의 상관관계
를 나타냈으나, 한국의 수출이 중국 등 FTA 비체결국에 집중되어
있기 때문에 유의수준은 낮았다. 또 GDP 대비 민간소비 비중도
아프리카 등 빈국으로 갈수록 커지는 경향이 있어서 한국의 수출
과는 통계적으로 유의한 관계를 얻지 못했다. 다시 말해 경제적
거리를 나타내는 1인당 GDP의 차는 한국의 수출과 크게 연관성
이 없는 것으로 추정된 것이다. 다만, 중국과 동남아시아 일부 국
가 등 중화 문화권에서는 유의한 양의 상관관계를 보였다. 이는
2000년대 이후 한국의 수출 구조가 미국을 비롯한 영미 문화권에
서 중국을 비롯한 중화 문화권으로 무게중심이 이동했음을 의미
한다.

회귀분석 후 구한 잔차의 시계열 평균값을 통해 음의 절대치가
큰 국가, 즉 수출 확대 가능성이 큰 국가를 순서대로 그래프에 표
시해보았다.

수출 확대 가능성과 더불어 한국 정부와 기업의 진입 효율성도
평가했는데, 이를 위해서 중력모형 분석시 한국 수출과 유의한

넥 스 트 차 이 나

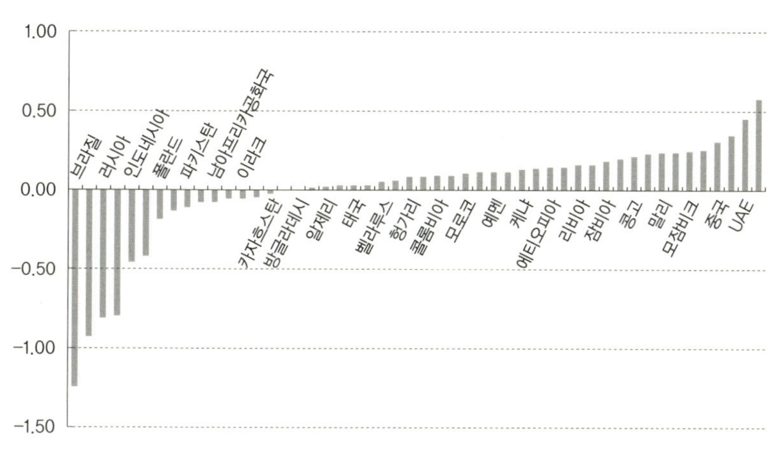

주: 우측으로 갈수록 잠재력 대비 현재의 수출 규모가 커서 한국의 추가적인 수출 확대 가능성이 낮다는 의미이다.

관계를 가진 변수, 진출 대상국의 사업환경을 나타내는 변수를 종합 평가했다. 중력모형에서는 진출 대상국의 GDP, 지리적 거리, 중화 문화권 여부, FTA 체결 여부가 대리변수로 선정된 바 있다. 한편, 진출 대상국의 사업환경 용이성을 평가하는 척도 변수로는 FTA 체결국 수,[16] 한국 외국인직접투자(FDI) 누계액[17]을 활용했다. 이 경우, GDP 규모가 크고 지리적으로 가깝고 중화 문화권에 속하고 한국과 FTA를 체결한 국가일수록 진입 비용이 낮고 효율성이 큰 것으로 나타났다. 또한 많은 국가와 FTA를 체결한 진출 대상국일수록 그 지역에서 경제적 창구(gateway) 역할을 담당할

---

16 World Bank(2008). "Doing Business 2008".
17 2009년 9월 말까지의 누계액 기준.

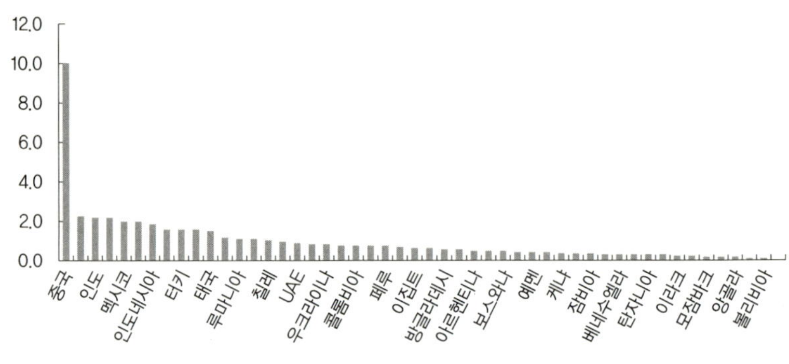

주: 값이 작을수록 진입 비용이 커진다는 의미이다.

확률이 높고, 한국 FDI 규모가 클수록 사업환경이 용이하다는 결과가 나왔다.

선정된 7개 변수를 표준화지수법을 통해 표준화한 후, 양수화를 통해 합산하여 중국에 최대값 10을 부여하고 기타 국가의 상대적 진입 비용을 평가한 결과, 중국을 필두로 브릭스, 인도네시아, 터키 등이 상위권을 차지했다. 한편 아프리카 소국, 중남미 소국 등은 진입 효율성이 매우 낮은 것으로 평가되었다.

마지막으로, 조사 대상국의 잠재적 수출 확대 가능성 및 진입 효율성 등을 종합 평가하여 한국의 입장에서 전략적 가치가 큰 순으로 상위 30개국을 선정했다. 즉 수출 확대 여력이 크고, 진입 비용이 상대적으로 낮은 국가를 향후 한국이 개척해야 할 주요 신흥국 시장으로 선정한 것이다. 이렇게 해서 브릭스 4개국과 상위 20개국을 포함한 24개국이 우선적으로 선정되었다. 한편,

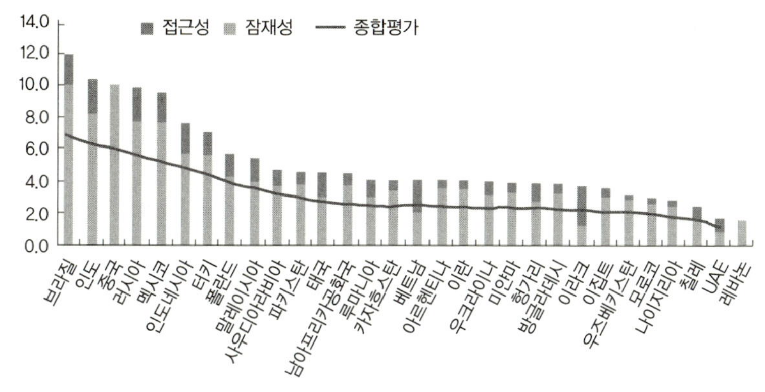

주: 우측으로 갈수록 잠재성과 효율성 측면에서 전략적 가치가 떨어진다는 의미이다.

UAE, 나이지리아, 우즈베키스탄, 레바논, 모로코, 칠레 등 6개국
은 경제적 창구 역할이나 지역 맹주로서의 중요성을 고려해 전략
대상국에 포함시켰다.

2부
넉스트차이나의
입체적 시장 분석

창의적 시장 분석이
필요하다

넥스트차이나는 브릭스(브라질, 러시아, 인도, 중국) 국가 중 중국을 제외한 3개국과 새로이 신흥시장으로 분류된 26개국으로 구성된다. '빅 3(Big 3)'와 '뉴 26(NEW 26, New Emerging World 26)'이라 부를 수 있는 이들 국가를 공략하기 위해서는 중국 시장을 접근할 때와는 다른 입체적 접근이 필요하다. 인구가 13억 명이나 되고 지리적으로 가까운 데다 유례 없이 경제발전 속도가 빨라 단일 국가 시장으로 진입이 비교적 용이했던 중국에 비해, 정치·경제·사회·문화적으로 이질적인 여러 국가들로 구성된 넥스트차이나는 중국보다 훨씬 다양한 진입 장벽을 갖고 있기 때문이다.

한편으로는 인터넷과 SNS의 빠른 확산으로 인해 그동안 국가별 혹은 대륙별로 구분되던 글로벌 시장이 동질적으로 변해가는

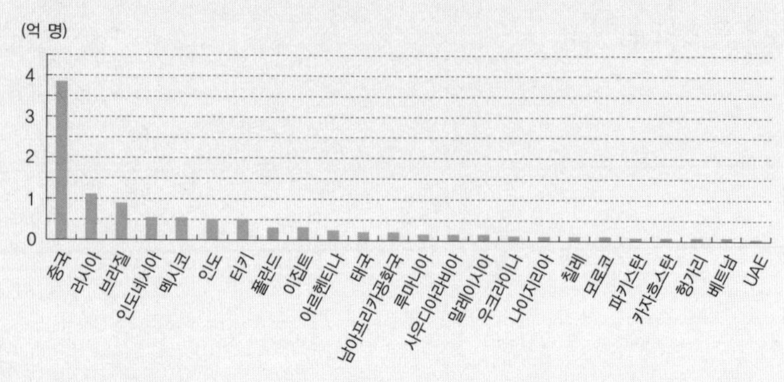

것 또한 사실이다. 다국적 기업에 비해 개별 국가 진출에 필요한 자원이 충분치 않은 우리로서는 이러한 변화를 기회로 활용하는 것을 포함한 보다 유연하고 창의적인 시장 구분이 필요하다 하겠다.

2부에서는 넥스트차이나 국가들을 공략하기 위한 다양한 방법을 제시하고자 한다. 1장에서는 이미 브릭스로 통칭되던 인도, 브라질, 러시아 등 선발 신흥국들을 개별적으로 분석했다. 인구나 경제 규모 측면에서 개별 시장으로서의 매력이 충분하기 때문이다. 그러나 나머지 26개국은 여전히 사회적으로 불안정하고 시장 인프라가 미흡하며, 중산층으로 대표되는 대중시장 규모도 크지 않아 개별 국가 단위로 접근하는 것은 효율적이지 않다. 따라서 2장부터 4장까지는 다양한 기준으로 넥스트차이나 시장을 분류하여 그 잠재력과 특성을 분석했다.

❶ 빅 3: 인도, 브라질, 러시아

- 넥스트차이나 국가들 중 규모가 큰 선발 신흥국을 개별 분석

❷ 지리적 인접 국가군

- 넥스트차이나 국가들 중 뉴 26을 대륙별로 분석

❸ 소비패턴이 유사한 국가군

- 소비지출 구조의 유사성에 따른 군집분석
- 지리적 변수 이외의 행동적 변수를 고려한 분석

❹ 문화적 특성이 유사한 초국가 소비자

- 국가별 특성을 초월하여 동질적인 특성을 지닌 여러 국가를 하나의 시장으로 발굴
- 의사결정 요인인 개인적(생애주기, 라이프스타일), 사회문화적(계층, 하위문화) 변수 고려

2장에서는 넥스트차이나 중 '뉴 26'을 전통적인 방법인 지리적 기준으로 묶어 분석했다. 동남아시아, 아프리카, 중남미, 동유럽, 중서남아시아, 중동 등 대륙별로 나누어 각각의 특성을 분석하고 차별화된 시장 기회를 제시하였다.

3장과 4장에서는 문화적 분류방식을 적용했다. '빅 3'에 비해 시장 규모가 작고 중산층이 두텁지 않은 '뉴 26'을 공략하려면 20%의 핵심 소수보다 80%의 비핵심 다수를 공략하는 롱테일 전략이 유효하다. 그런데 국가마다 안고 있는 정치·경제·사회적 리스크가 모두 다르기 때문에 문화적 특성을 고려한 새로운 접근법이 필요하다. 문화적으로 동질성이 강한 여러 개의 시장을 묶어 접근하면 리스크는 줄이고 효율성과 효과성은 극대화할 수 있을 것이다. 그래서 3장에서는 지리적 위치와 무관하게 소비 패턴

및 행태적 측면에서 비슷한 모습을 보이는 국가들을 묶어 새로운 '초(超)국가 시장'을 도출했다. 소비 패턴이 유사한 국가군을 도출하기 위해 군집분석(country clustering, 시장 세분화와 지역 분할 등을 목적으로 다수의 대상을 유사한 특성끼리 묶는 통계기법)을 실시했고 도출된 국가군에 속한 소비자들의 행동이나 태도의 특성을 비교 분석하였다.

4장에서는 국가의 개념을 초월해 문화적 특성이 유사한 '초국가 소비자(global segments)'를 발굴했다. 개인·사회·문화적 변수를 고려해 인구 구조를 분석하면 연령대별 생애단계(Life stage)의 유사성과 하위문화 존재 여부를 알 수 있다. 또한 소득 구조를 분석하면 사회계층에 따른 생활양식의 동질성을 파악할 수 있으며, 종교문화 분석을 통해서는 국경을 초월한 라이프스타일의 차이를 파악할 수 있다.

넥스트차이나의 빅3

❶ 인도: 넥스트차이나 인구 대국

2010년에 타계한 유명한 경제사학자 앵거스 매디슨(Angus Maddison)의 추정에 따르면 인도는 기원후부터 10세기까지 세계 1위의 경제대국이었다고 한다.[1] 기원전 6세기경 인도에서 태동한 불교가 중국, 한국, 일본을 포함한 동양 문화의 사상적 뿌리 역할을 한 것을 보면 무리가 없는 추정이라 생각된다. 이처럼 인도는 18세기 전까지 전 세계 GDP의 20~30%를 차지하는 경제대국이었다. 그러나 18세기 이후 산업혁명에서

---

1 http://www.ggdc.net/MADDISON/oriindex.htm.

뒤처지고, 영국의 식민통치를 받으면서 세계사의 중심에서 밀려났다. 영국으로부터 독립한 1947년 이후 사회주의를 표방한 네루와 그의 일가가 오랫동안 정권을 잡았지만 그 기간에도 인도는 이렇다 할 경제발전을 이루지 못했다. 인도 경제가 본격적으로 성장 궤도에 오른 것은 개혁개방이 시작된 1992년 이후라 할 수 있다.

개혁과 개방 이후의 비약적 성장

인도는 중국보다 약 13년 늦은 1991년, 나라시마 라오 총리와 만모한 싱 재무장관 주도로 개혁과 개방에 나섰다. 그 결과 1992년부터 2010년까지 연평균 6.7%의 성장률을 달성했으며, 특히 현재의 총리인 만모한 싱이 취임한 2004년 이후 더욱 성장을 가속화하여 2004년부터 2010년까지는 연평균 8.2%의 성장률을 달성했다. 또한 향후 10여 년 동안의 예상 성장률도 중국보다 높을 것으로 전망되고 있다. 삼성경제연구소가 추계한 결과에 따르면 2011년부터 2020년까지 중국의 평균 성장률은 8.1%, 인도는 8.4%로 전망되며, 경제전망기관 글로벌 인사이트 또한 같은 기간 인도의 연평균 성장률을 8.9%로 전망해 중국의 8.3%를 상회할 것으로 보았다.

인도의 이런 성장에는 만모한 싱 총리의 역할이 컸다. 2004년 총선에서 극적으로 총리로 임명된 싱 총리는 옥스퍼드 대학 교수, 국제통화기금(IMF), 국제연합(UN) 등에서 근무한 경력이 있는 엘리트 경제학자다. 집권당 총수이자 네루 가문 출신인 소냐 간

● 인도의 인프라 시설 투자 계획

	11차 계획(2007~2011년)			12차 계획(2012~2016년)					
	2010년	2011년	합계	2012년	2013년	2014년	2015년	2016년	합계
투자금액(십억 달러)	117	143	503	155	178	202	229	260	1,024
GDP 대비 비중(%)	7.94	8.37	7.55	9	9.5	9.9	10.3	10.7	9.95

주: 회계연도(4월~다음해 3월)를 기준으로 한다.
자료: 인도 경제기획위원회

디가 2004년 총선에서 승리한 후 직접 총리의 자리에 오르는 대신, 싱을 총리로 임명하면서 전문 경영인 총리가 되었다. 따라서 경제학자 출신의 싱 총리는 임명 후 경제발전에만 힘을 쏟을 수 있었고, 이는 인도에게 큰 행운을 안겨주었다.

2009년 총선에서 더 많은 의석을 확보하며 연임에 성공한 싱 내각은 2012년부터 시작되는 12차 경제개발 5개년 계획에서 민간자금을 활용한 인프라 투자 확대, 제조업 기반 구축, FTA 및 시장 개방 확대와 같은 정책을 더욱 적극적으로 추진할 계획이다. 특히 11차 5개년 계획에서 5,000억 달러를 들여 활발하게 추진했던 인프라 투자 규모는 12차 계획에서 1조 달러로 확대될 전망이다. 이는 인도 GDP의 10%에 달하는 규모이다.

풍부한 고급 인력

이처럼 비약적으로 발전하고 있는 인도 시장에서 한국 기업은 어떤 기회를 찾을 수 있을까?

첫째, 풍부한 전문 인력을 활용할 수 있다. 인도에서 매년 배출되는 공학기술 인력은 약 50만 명으로 이들은 치열한 입시경쟁을 거쳐 선발된 최고의 인재들이다. 실제로 임금 수준이 높고 근무 여건이 좋아 인도 고등학생의 대부분은 IT 엔지니어가 되기를 희망한다고 한다. 이렇게 많은 인구 중에서 선발된 최고급 인재들이 IT 분야의 전문 인력으로 성장하는 것이다. 또한 IIT(Indian Institutes of Technology), IIIT(Indian Institutes of Information Technology) 등 인도의 IT 관련 고등교육기관은 세계적으로도 수준이 높기로 유명하다. 여기서 배출된 인재들이 바로 인도의 IT 서비스업을 세계 최고로 이끄는 원동력이다. IBM, 마이크로소프트 등 글로벌 기업들은 이들을 활용하기 위해 인도 현지에 연구소를 운영하고 있다. 삼성전자 역시 인도 방갈로르에 2,000명 이상의 인력을 고용한 연구소를 운영 중이다.

　최근에는 많은 글로벌 기업들이 인도의 전문 인력을 활용하기 위해 투자를 확대하고 있는데 이로 인해 수요보다 공급이 부족해지면서 임금이 빠르게 상승하고 있는 실정이다. 인도 정부 또한 인력 양성기관의 수를 늘리기 위해 노력하고 있다. 1961년에 제정된 과학기술원법(Institutes of Technology Act)에 따라 설립된 7개의 IIT와 별도로 현재 8개의 신규 IIT 설립이 추진되고 있다. 앞으로도 IT 등 각 분야의 현지 전문 인력을 기업에 필요한 인재로 활용할 수 있는 기회는 계속 확대될 것이다. 이러한 기회를 활용하기 위해서는 양성 단계에서부터 인도의 고급 인재를 확보하거나, 양성과 활용을 동시에 추구하는 전략이 필요하다.

해외에서 일하는 고급인력 증가와 소비시장 확대

둘째, 해외인력의 자국 송금이 많아지면서 확대되는 내수시장에서 기회를 찾을 수 있다. 영어가 모국어처럼 자유로운 인도의 고급 인력들은 해외 전문직 시장에서 막대한 수입을 올리고 있으며, 그중 많은 금액을 인도로 송금하고 있다. 2009년 한 해 동안 인도인들이 자국으로 송금한 개인소득 이전수지 흑자는 무려 521억 달러에 이르렀는데 이는 GDP의 4.1%에 달하며 세계에서 가장 높은 수준이다. 이러한 자금은 인도 내에서 소비와 투자로 이어지며 경제발전의 원동력이 되고 있다.

실제로 인도는 전자제품의 70% 이상을 수입에 의존하고 있으며, 2010년 현재 연간 30억 달러 규모인 수입품 위주의 고급품 시장은 2015년까지 연 30%씩 성장할 것으로 전망된다.[2] 수입품 위주의 내수시장이 성장하면 곧바로 소비시장 또한 크게 확장되므로 이를 수출 기회로 활용해야 할 것이다.

로컬 기업의 빠른 성장

셋째, 인도 기업의 성장 또한 중요한 기회이다. 릴라이언스, 타타자동차와 같은 로컬 기업의 성장은 경제성장을 견인하는 주요 동력이다. 2003년 《포춘》이 선정한 글로벌 500대 기업 리스트에 인도 기업은 단 하나뿐이었지만 2010년에는 무려 8개 기업이 이름을 올렸다.

---

2 "Indian luxury market set for growth" (2010. 3. 11). WARC. http://www.warc.com.

또한 인도 기업들은 인수합병(M&A)을 통해 단숨에 경쟁력을 확보하곤 한다. 실제로 2005년 이후 인도의 국내외 M&A 금액은 폭증하기 시작했으며 2007년에는 거래금액이 700억 달러를 넘어서 최고치를 기록했다. 이후 글로벌 금융위기로 잠시 주춤했다가 2010년 다시 711억 달러를 달성했고 2010년에는 해외 M&A가 전체의 74%를 차지했다. 일례로 타타자동차는 재규어의 랜드로버, 대우자동차를 인수하면서 급속도로 시장 지위를 높였으며, 아르셀로미탈(ArcelorMittal)이 철강업계에서 독보적 1위 자리를 굳힌 것도 글로벌 M&A 역량을 발휘한 결과라 할 수 있다.

이러한 성장은 기업간 거래(B2B) 시장의 확대나 사업상의 제휴 등 여러 가지 기회를 열어준다. 인도 기업의 투자를 유치하여 한국의 고부가가치 산업의 생산기반을 확보하는 투자 유입 전략과, 인도 내에 조립공장을 세우거나 판로를 개척하는 투자 유출 전략을 병행한다면 얼마든지 파트너십을 구축할 수 있을 것이다.

장기 성장동력 확보 위한 투자 확대 필요

인도 시장의 기회를 십분 활용하기 위해서는 보다 활발한 투자가 필요하다. 그러나 열악한 교통 및 유통 인프라, 낮은 행정 수준, 문화적 차이로 인한 노사관리의 어려움 등은 인도 진출을 희망하는 기업에게 큰 부담으로 작용한다. 이렇듯 사업 여건이 열악함에도 불구하고, 많은 기업들이 인도 시장을 공략하고자 하는 것은 위협 요인을 극복하면 경쟁우위를 확보할 수 있기 때문이다. 열악한 유통 인프라를 극복하기 위해 현지 인적 네트워크로 유통망을 구축한 유니레버(Unilever)의 샤크티 암마(Shakti Amma)나, 인도 정부의 기획 수준을 고려해 경제개발계획 자체를 제공하면서 인프라 투자 기회를 확보한 일본의 델리 뭄바이 산업회랑(DMIC) 프로젝트가 좋은 사례라 할 것이다.

시티은행은 2011년 보고서에서 2050년경이면 인도가 다시 과거의 영광을 회복하면서 세계 1위의 경제대국으로 부상할 것이라고 전망했다.[3] 40년 후를 예측한 전망이라 다양한 변수가 있겠지만, 2030년 이전에 중국의 인구 규모를 추월하고, 2050년에는 16억 1,000만 명의 인구로 중국(14억 2,000만 명으로 추정)을 훨씬 웃돌 것이라는 세계은행(World Bank)의 인구 추계자료를 고려할 때, 충분히 가능성 있는 전망이라 판단된다. 이제 막 부상하기 시작한 인노 시상의 기회를 활용하기 위해서는 보다 적극적인 투자가 필요하다.

② 브라질: 부활한 경제강국

1980년대와 1990년대, 수차례의 경제위기를 경험한 브라질이 2000년대에 이르러 경제강국으로 떠오르고 있다. 1980년대에는 높은 대외부채가, 1990년에는 2,950%까지 치솟은 하이퍼인플레이션이 경제 악화의 주요 요인이었다. 이에 브라질 정부는 물가안정 목표제도와 재정책임법을 도입하는 등 인플레이션 통제에 총력을 쏟았다. 그 결과, 2000년대의 물가 상승률을 연평균 6.9%로 유지하면서 1990년대에 비해

---

3 Buiter, W. (2011. 2). *Global Economic Review*. Citi group.

2배 수준의 경제성장을 이루어낼 수 있었다. 2000년 중남미 경제에서 브라질이 차지하는 비중은 30%였으나 2010년에는 43%까지 확대되었다. 현재 브라질은 역대 최대의 경제 규모를 자랑하고 있다.

경제발전의 기폭제, 원자재 가격 상승

2000년대 브라질의 경제성장을 이끈 주요 원동력은 원자재 수출이었다. 자원 수요가 급증한 중국이 2009년 브라질의 최대 수출국으로 부상했다. 브라질은 설탕, 커피, 오렌지 등을 세계에서 가장 많이 생산하는 나라다. 게다가 대두(大豆) 생산 규모는 세계 2위, 옥수수 생산 규모는 세계 3위이다. 또한 세계에서 두 번째로 철광석을 많이 수출하고 있어 2000년대 들어 시작된 원자재 가격 상승은 브라질의 수출 증가와 경제성장에 크게 기여했다. 이에 힘입어 브라질의 GNI(국민총소득) 대비 대외부채는 2002년 47%에서 2009년 18%로 크게 감소했으며, 2011년 8월 말 기준 외환보유고는 3,534억 달러로 세계 6위 수준이다.

매장량이 500억 배럴에서 1,000억 배럴 사이로 추정되는 대서양 연안의 심해유전이 향후 본격 개발될 예정이어서 2020년에는 브라질의 석유 생산량이 2010년의 2배 수준으로 증가하고, 매장량은 현재의 세계 15위에서 5위까지 높아질 것으로 예상된다. 이를 위해 브라질의 대표 에너지기업인 페트로브라스(Petrobras)는 2011년에서 2015년까지 유전 개발을 비롯한 다양한 에너지산업에 2,247억 달러를 투자할 계획이다.

2014년에 열릴 브라질 월드컵과 2016년에 예정된 하계 올림픽도 브라질의 경제발전에 더욱 힘을 실어줄 것으로 예상된다. 호세프 대통령은 국제대회의 성공적인 개최를 위해 2014년까지 경기장 현대화, 공항 및 항만 건설, 교통 시스템 개선 등에 약 200억 달러를 투입하겠다고 밝혔으며 리우데자네이루, 상파울루, 캄피나스를 이을 511km 길이의 고속철 건설이 수년 내에 시작될 계획이다. 또한 2011년과 2014년 사이, 주택공급프로그램(Minha Casa, Minha Vida)에 442억 달러를 투자하여 약 200만 호의 주택을 제공하겠다는 계획도 발표했다.

이 기회를 틈타 글로벌 기업들이 브라질에서 사업을 확장하고 있다. 예를 들어 2016년에 개최될 브라질 올림픽의 스폰서 GE는 2010년부터 2013년에 걸쳐 에너지, 운송 등 다양한 인프라스트럭처 분야에 5억 7,000만 달러를 투자하여 남미에서의 성장동력을 확보하겠다고 발표했다. 빠르게 성장하는 브라질의 인프라 시장은 수주 지역 다각화를 필요로 하는 한국의 건설업체에도 기회를 제공할 것으로 보인다.

사회정책 힘입어 확대되는 중산층

브라질의 빠른 경제성장 뒤에는 퇴임 당시 지지율이 87%에 달했던 룰라 대통령의 뛰어난 리더십이 있었다. 2003년부터 8년 동안 브라질을 이끈 룰라 대통령은 초등학교 졸업이 학력의 전부이지만, 역대 대통령 중 가장 많은 대학교를 설립하고 '볼사 파밀리아(Bolsa Familia, 저소득층 생계비 지원 프로그램)' 등 여러 저소득층 지원정책을 펼쳤다. 이에 따라 2003년 36%였던 빈곤층의 비중은 2009년 21%까지 낮아졌다. 개선된 각종 사회지표들은 경제발전으로 이어지며 선순환 구조를 낳았다. 2011년에 취임한 호세프 대통령 역시 룰라 대통령의 뒤를 이어 사회지표 개선에 총력을 다할 것으로 예상된다. 2013년 말까지 볼사 파밀리아 프로그램을 통해 추가로 80만 가구에 혜택을 제공할 계획이고, 2014년까지 극빈곤층(현재 1,620만 명)이 없는 브라질을 만들기 위해 지원 프로그램(Brasil Sem Miseria)을 시행하고 있다.

브라질 경제의 구매력은 다른 신흥국보다 크다. 2010년 기준 브라질의 1인당 GDP는 1만 800달러로 중국의 2.5배, 인도의 8.8배였다. 민간 소비지출 비중 역시 GDP 대비 61%로 인도(57%), 러시아(51%), 중국(36%) 등 여타 신흥국들보다 높은 편이다.

경제성장과 함께 중산층이 증가하고 있다는 점도 주목할 만한 현상이다. 2009년 브라질에서는 월 가계소득이 약 65만 원에서 260만 원 사이인 계층, 즉 클라스 C라 불리는 중산층이 9,500만 명에 달했고, 이들이 총 소비의 46%를 담당했다.[4] 1999년에는 클라스 C가 6,400명으로 집계되었는데 10년 동안 3,100만 명의 인구가 빈곤층을 탈출하여 중산층에 흡수된 것이다. 매우 빠른 속도로 중산층이 증가하고 있음을 알 수 있다.

중산층의 부상은 소비시장의 성장동력이 되고 있다. 2010년 브라질은 중산층 확대에 힘입어 독일을 제치고 세계 4위의 자동차

---

4 http://www.brasil.gov.br/para/press/press-releases/august-1/brazils-middle-class-in-numbers

넥 스 트 차 이 나

시장으로 떠올랐다. 연간 자동차 판매 대수는 350만 대로 전년보다 12% 증가한 수치다. 브라질 자동차산업협회는 2015년에 브라질이 일본을 제치고 세계 3위의 자동차 시장으로 떠오를 것이라 전망했다.

중산층을 공략하기 위해서는 그들의 특징을 살펴볼 필요가 있다. 우선 브라질의 중산층은 15세에서 24세 사이의 인구가 18%를 차지할 정도로 매우 젊으며, 그중 흑인이 48%로 다문화적 성향을 띠고 있다. 선진국 중산층에 비해 소비력은 약한 편이지만 지출 방법은 크게 다르지 않은 것으로 나타났다. 예를 들어, 브라질 전체 신용카드 소유자의 70%, 인터넷 사용자의 80%를 차지하는 중산층은 품질에 민감하고 브랜드 선호노가 높은 편이나. 한국의 LCD TV와 휴대폰은 브라질에서 프리미엄 브랜드로 인식되며 이미 시장 점유율 50%를 상회하고 있고, 그 외에도 한국 기업들이 다수의 1등 상품을 보유 중이다. 앞으로 열릴 주요 국제행사 등을 감안할 때 가전제품을 비롯한 내구 소비재의 수요는 계속 증가할 전망이다. 한국 기업들은 이에 대비해 브라질 현지 생산 역량 확대를 고려하고, 디자인과 브랜드에 민감한 브라질 소비자들의 취향을 면밀히 분석해야 할 것이다.

브라질에 진출할 기업들은 제품의 판매와 홍보에 인터넷과 모바일을 적극 활용할 필요가 있다. 2010년 기준 브라질의 인터넷 사용자는 8,400만 명에 달했는데 이 중 약 2,300만 명이 온라인으로 제품을 구매했다. 전자상거래 시장 규모는 전년 대비 24%나 성장해 80억 달러를 넘어섰다. 따라서 많은 글로벌 기업들이 빠르게 확대되고 있는 온라인 소비층에 다가서기 위해 총력을 기울이고 있다. 예를 들어 세계 최대의 패션 기업인 루이비통모에헤네시(LVMH)는 브라질 3대 전자상거래업체인 삭스(Sacks)의 지분 70%를 인수하며 온라인 판매 루트를 강화하고 있다. 또한 모바일 활용 방안도 적극 검토해야 한다. 2011년 브라질의 휴대폰 가입률이 인구의 100%를 상회해 선진국과 비슷한 수준에 도달했기 때문이다.

브라질의 거시경제 리스크

브라질에 진출할 때는 거시경제 리스크를 반드시 살펴야 한다. 우선 정부와 중앙은행이 인플레이션 통제에 총력을 기울이고 있지만 물가가 천정부지로 치솟고 있다. 중앙은행은 물가통제를 위해 2011년 초와 7월 말 사이 5차례에 걸쳐 정책금리를 10.75%에서 12.5%로 인상했다. 정부 역시 예산 감축에 나섰으나 물가는 2011년 1월 5.99%에서 8월 7.23%로 상승했다.

이로 인해 소비자들의 부담도 커지고 있다. 현재 브라질에서는 소비 붐과 함께 민간부채가 빠르게 증가하는 추세다. 2006년 7월만 해도 GDP 대비 28.6%였던 민간 분야의 신용 대출 규모가 2011년 7월 45.5%로 커졌고, 2011년 상반기의 신용카드 결제 규모도 전년에 비해 24%나 증가했다. 이 같은 상황에서 정책금리가 인상되자 중·저소득계층의 소비자들이 큰 타격을 받았다. 최근에는 지속적으로 높아지던 대출 금리가 40%대까지 치솟았고, 갈수록 높아지는 원리금 상환 부담으로 민간 부문의 채무불이행 사례도 늘고 있다. 브라질 정부가 2011년 4월, 민간신용 대출에 대한 세율을 1.5%에서 3%로 높이는 등 신용버블 붕괴 위험을 완화하기 위해 노력 중이지만 기업들은 소비자들의 무분별한 지출이 중장기적으로는 악영향을 미칠 수 있다는 점을 기억해야 한다.

헤알화 환율 강세에 따른 리스크도 고려해야 할 사항이다. 높은 금리에 따른 캐리트레이드(carry trade, 금리가 낮은 국가에서 조달한 자금으로 금리가 높은 다른 국가에 투자하여 수익을 내는 기법) 자금 유입과 원자재 수출 확대로 인해 최근 헤알화가 초강세를 보이면서 브라질 기업들의 수출 경쟁력이 약화되고 있다.

이 같은 단기적 위험요소들에도 불구하고 장기적으로 브라질 시장은 기업들에게 중요한 기회를 제공할 것이다. 브라질 정부가 인플레이션을 성공적으로 통제한다면 정부의 인프라, 교육, 사회 정책에 대한 투자 강화 전략이 경제의 지속적인 성장을 뒷받침할 것으로 예상된다.

❸ 러시아: 잠들지 않는 북극곰의 비상

1990년대 세계경제의 핫 이슈로 떠올랐던 러시아는 이어진 중국의 급부상에 따라 주된 관심에서 밀려나 있는 형편이다. 그러나 수많은 대내외적 악재에도 불구하고 지난 10년간 꾸준히 성장하여 어느새 세계경제의 거목으로 자리 잡았다.

체질 개선 시도하는 러시아 경제

브릭스라는 용어가 등장한 2001년부터 2010년까지 러시아의 연평균 GDP 성장률(4.88%)은 브릭스 4개국 평균(6.65%)보다 낮았지만 G7이나 세계 평균(각각 1.33%, 3.61%)보다는 훨씬 높았다.[5] 중국이나 인도와 달리 대외무역 의존도가 높아 2009년 글로벌 경제위기 당시 GDP가 무려 7.8%나 하락했던 점을 고려한다면[6] 지난 10년간 상당히 높은 성장률을 유지했다고 할 수 있다.

2001년 세계 16위였던 GDP 순위도 2010년에는 11위로 상승했다.[7] 이는 8위인 브라질에 이어 넥스트차이나 국가 중 두 번째로 높은 순위다. 더구나 소비 잠재력의 주요 지표인 1인당 GDP(구매력 평가 기준)는 1만 5,900달러로 브라질(1만 800달러)과 중국(7,600달러)을 제치고 브릭스 국가 중 1위를 차지했다.[8] 총 무역 교역량은 2001년 세계 24위에서 2010년 13위로 11단계나 뛰어올랐고 외환 보유고는 2001년 약 366억 달러에서 2010년 약 4,794억 달러로 무려 13배 이상 증가했다. 이는 중국, 일본에 이어 세계 3위를, 넥스트차이나 국가들 중에는 1위를 나타내는 수치다. 주로 고유가에 기반한 러시아 경제는 2020년까지 평균 성장률 4.01%의 안정 성장 기조를 유지할 것으로 전망된다.[9]

---

5 IMF (2011.4) World Economic Outlook DB.
6 같은 시기 내수 비중이 큰 중국과 인도는 각각 9.2%, 6.8% 성장했고, 원자재 수출 의존도가 높은 브라질은 0.1% 하락에 그쳤다.
7 IMF 기준.
8 CIA THE WORLD FACTBOOK (2010).
9 Global Insight (2011.9).

그러나 더욱 주목할 것은 외형적인 팽창 속에서 내실 있는 질적 성장의 조짐이 나타나기 시작했다는 점이다. 그동안 러시아 경제의 구조적 취약성으로 지적되어 왔던 자원 수출 중심 경제의 제반 문제들을 극복하려는 정부의 노력이 조금씩 구체적인 성과를 나타내고 있는 것이다. 민간소비 증대에 기반한 비자원형 가공업의 성장, IT를 비롯한 첨단산업의 부흥 조짐, 기간산업의 민영화 등은 러시아 경제의 체질 개선 가능성을 점치게 한다.

민간소비 증대와 가공산업의 성장

러시아 경제의 주요 동력인 석유 관련 수출액은 2001년 약 335억 달러에서 2010년 약 1,970억 달러로 약 6배, 전연가스 수출액은 약 177억 달러에서 648억 달러로 약 4배 증가했다.[10] 그 결과 앞서 언급했듯이 러시아의 1인당 GDP는 브릭스 국가 중 가장 높다. 가처분소득 7,500달러 이상의 중산층 인구 비중도 빠르게 증가하고 있어 2015년 이후에는 브라질을 제치고 1위를 차지할 것으로 전망된다.[11] 중산층이 빠르게 늘어남에 따라 소비 규모도 해마다 커져서 2000년 이후에는 민간소비가 GDP 성장을 주도하기 시작했으며, 2009년 글로벌 경제위기 이후에는 GDP의 50% 이상을 차지하게 되었다. 이는 당시 민간소비 비중이 감소하고

---

10 Euromonitor (2011. 9. 29).
11 유로모니터는 2010년 현재 러시아는 중산층 비중이 73.5%로 브라질(76.4%)에 뒤지나 2015년에는 81.4%, 2020년에는 86.9%로 브라질을 앞설 것으로 예상했다.

있는 중국과 대조적인 현상으로 글로벌 기업들의 관심을 촉발시키고 있다.

자원 수출에 힘입은 내수 확대는 러시아 내 제조업의 제조업 발전을 이끌고 있다. 특히 21세기 들어 시행된 러시아 정부의 투자 유치 정책과 해외 글로벌 기업들의 '러시아 맞춤 상품(Special for Russia)'[12] 전략으로 로컬 기업과 합작하거나 현지 공장에서 직접 생산하는 방식이 증가하고 있다. 이러한 경향은 소비자 물가의 38.5%를 차지하는 식품 분야에서 특히 두드러지는데 네슬레(Nestle)와 로시아(Rossia)의 합작이 대표적인 사례다. 비약적으로 성장하고 있는 자동차 시장의 경우, 2005년 이후 글로벌 기업들의 생산라인이 본격적으로 들어서기 시작하여 2010년에는 러시아에서 판매된 신차의 90%가 러시아 내에서 생산되는 상황이다.

특히 러시아 정부는 특별경제구역을 만들어 해외 자동차업체들을 유리한 조건으로 유치하고 있는데 러시아의 디트로이트라고 불리는 상트페테르부르크가 대표적이다.[13] 또한 유럽과 달리 20대 이하의 젊은 인구가 많아[14] IT 관련 제품 시장이 폭발적으로 성장했으며 러시아 자체 IT업체도 등장한 상황이다. 2009년에는 러시아 최대의 통신판매 서비스업체인 MTS가 자체 휴대폰을 생산하기 시작하여 이듬해인 2010년 자사 판매망에서 삼성과 노키

---

12 러시아 소비자들의 독특한 취향에 맞추기 위해 러시아용 상품을 별도로 개발하는 전략.
13 유럽의 6분의 1 수준인 낮은 노동, 부품, 에너지 가격과 각종 특혜로 도요타, GM, 닛산, 현대, 기아, 포드 등 세계 유수의 자동차업체가 집중되었다.
14 유럽이 26%인 데 반해 러시아의 인구는 38.34%(러시아 통계청, 2010년 기준).

아를 제치고 판매량 1위 모델을 배출하기도 했다.[15] 이에 힘입어 21세기에 들어서 여러 분야에서 동시 다발적으로 진행된 현지 제조업의 발전은 이미 상당한 가시적 성과를 내면서 2010년에는 그 규모가 2005년보다 100% 가까이 성장했다.[16]

첨단산업 육성하는 스콜코보 프로젝트

2007년 3월, 러시아 경제사에서 획기적인 사건이 일어났다. 러시아에서 처음으로 천연자원이나 소비재 관련 기업이 아니라 첨단 기술업체인 시트로닉스(Sitronics)가 런던 국제증권거래소에서 4억 달러 규모의 기업공개에 성공한 것이다. 저가 가전제품 시장을 전전하던 이 기업의 변신을 두고 러시아 언론은 정부의 "러시아 선자산업 발전전략의 성공"이라고 보도[17]했다. 이 기업은 같은 해에 러시아 국가혁신펀드로부터 약 10억 달러를 지원받아 0.045~0.065마이크로칩 생산공장 건설에 착공하면서[18] 일약 첨단 IT산업의 선도업체로 부상했다. 우수한 인력풀과 세계 최고의 기초과학 수준에도 불구하고 상업화 능력의 부재로 고전을 면치 못하던 러시아가 정부의 주도하에 첨단산업 부흥에 박차를 가하게 된 것이다.

---

15 1~3분기 판매량 총계는 MTS 236이 10.8%, 삼성 E1080이 9.2%, 노키아 1280이 5.4%이다(RUSSIAN BUSINESS(2010. 10. 14). http://www.rb.ru/).
16 러시아 통계청 자료에 의하면 제조업 규모는 2005년 8조 8,720억 루블에서 2010년 17조 5,530억 루블로 증가했다.
17 로시스카야 가제타 No. 4308 (2007. 3. 5).
18 러시아 정부가 49% 투자했다.

이러한 정책의 일환으로 탄생한 나노기술연구소 루스나노(RUSNANO)도 시트로닉스와 함께 첨단산업의 핵으로 떠오르고 있다. 2008년에서 2015년까지 약 70억 달러의 예산이 투자되는 이 연구소는 국제적 기술협력과 대규모 개발 투자를 통해 러시아의 석유·가스 판매 이익에 준하는 약 300억 달러의 매출을 올릴 것으로 전망되고 있다.[19]

그러나 첨단산업 부흥의 가장 중요한 축은 메드베데프 대통령이 적극 추진하고 있는 스콜코보(Skolkovo) 혁신도시 프로젝트다. '첨단기술 연구 및 상업화 펀드' 형성과 '러시아형 실리콘밸리' 건설을 목표로 하는 이 대형 프로젝트는 2010년부터 연간 예산 10억 달러 이상이 지원되며 IT산업, 우주산업, 의료 및 제약산업, 에너지 효율 산업 및 원자력산업 등 5대 혁신 산업을 포괄하고 있어 러시아 경제 현대화의 핵심 축 역할을 할 것으로 보인다.[20] 현재 러시아 정부는 스콜코보 프로젝트를 경제성장의 3대 축[21] 중 하나로 설정하여 최우선 과제로 추진하고 있으며 한국을 비롯한 이 분야 선도 국가들의 적극적인 투자를 유도하고 있다. 러시아 정부의 첨단산업 부흥 및 상업화 정책은 지금까지 우리 정부와 기업이 모색해온 대러시아 경협의 기조인 '러시아 기초과학과 한

---

19 이미 한국, 독일, 벨기에, 핀란드, 중국, 멕시코 등과 기술협정서를 교환했으며 영국 셀틱 파마와 프로보노 바이오사의 신약 개발에 3,000만 달러, 미국 클리블랜드 바이오랩스와 신약 개발에 2,600만 달러를 공동 투자하기로 합의했다.
20 국가 자본 50%, 민간 자본 50% 투자로 진행되는 이 프로젝트에는 이미 상당수의 외국인 투자자들의 유치가 결정되거나 검토되고 있다. 미국 시스코시스템(10억 달러 투자), 노키아, 에릭슨, IBM 등은 참여를 결정했고 보잉, 지멘스, 애플, 인텔, 구글, 차이나모바일이 참여를 긍정적으로 검토 중이다.
21 3대 축은 스콜코보 프로젝트, 국영기업 민영화, 투자 유치 촉진을 가리킨다.

국의 상업화 능력의 융복합'과도 일치한다. 따라서 보다 선제적이고 적극적인 대응이 필요하다.

속도 내는 기간산업의 민영화

국영기업의 민영화 역시 러시아 경제성장의 3대 축 중 하나다. 특히 러시아 민영화의 주도자이자 최대 수혜자인 대표적 올리가르흐(러시아 과두재벌) 빅토르 벡셀베르크(Viktor Vekselberg)를 스콜코보 프로젝트의 책임자로 임명한 것은 러시아 정부의 강력한 민영화 의지를 반영한다. 푸틴 정부는 올리가르흐 억압정책을 진행했는데 이로 인해 주요 기간산업의 국영화 회귀가 우려되었다. 그러나 메드베데프 정부는 2011년 모든 국영기업의 경영진에서 국가 관료를 퇴진시키고 2017년까지 21개 국영기업의 민영화 계획을 발표하는 등 기간산업의 민영화에 속도를 내고 있다.

특히 2011년 8월에 발표된 민영화 대상 21개 기업에는 러시아 2대 석유 수출 기업인 로스네프티(Rosnefti), 중앙은행 다음으로 규모가 큰 은행 스베르반크(Cberbank), 러시아 국영 철도회사(RZD), 러시아 최대 공항 쉐레메티예보(Sheremetievo) 등 그야말로 러시아 산업의 근간이 되는 기업들이 다수 포함되어 있다.[22] 뿐만 아니라 그중 13개 업체에는 정부 지분을 100% 양도하겠다고 공표하여 본격적인 체질 개선에 대한 기대를 낳았다.

---

22 이 중 로스네프티와 스베르반크는 2011년 《포춘》이 선정한 세계 500대 기업에 포함되었다.

물론, 민영화를 통한 효율성 개선보다는 재정 수입 증대 쪽에 더 관심이 크다는 점,[23] '황금주(golden share)'를 통한 정부 간섭의 법적 가능성을 남기고 있다는 점, 특히 푸틴의 경우 국가 관료가 배제된 국영기업의 경영진에 자신의 당원들을 배치하고 있다는 점으로 인해 민영화의 효과와 실현 여부에 대해서는 아직 논란의 여지가 있다. 그러나 러시아 정부의 개혁의지가 어느 때보다 강력하고 1990년대와 달리 발달한 시장경제와 외국 자본의 영향 증대로 민영화는 긍정적인 효과를 가져올 것으로 보인다.

재부각되는 한러 경협

2010년 러시아의 국가 부패지수는 2004년 이후 최고치를 기록[24]하여 투자환경이 여전히 열악한 것으로 평가된다. 그러나 1990년대의 혼란기를 거친 후 정치적 안정이 장기화되면서 경제가 꾸준히 성장하고 있으며, 국제사회에서 다시 주도권을 회복하고 있는 것도 엄연한 사실이다. 최근 러시아에서 진행되는 경제 현대화가 향후에 제한적으로나마 계속해서 성과를 올리고 러시아, 벨로루시, 카자흐스탄 등 독립국가연합(CIS)의 중심 국가들의 관세동맹이 여타 국가들에 성공적으로 확대된다면 세계경제에서 러시아의 위상은 더욱 높아질 것이다.

---

23 전문가들은 이번에 발표된 민영화 계획으로 약 1,580억 달러의 재정 수익을 예상하고 있다(PBK daily 2011년 8월 8일자). 러시아 재정부는 이 수익이 단계적인 재정적자 감소에 기여할 것으로 예상한다 (2011년에 GDP의 4%, 2012년 3%, 2013년 2%, 2015년에는 균형 재정 예상).

24 독일 국제투명성기구(Transparancy International, TI)에 따르면 2004년 −2.1에서 2010년에는 −2.8로 악화되어 178개 조사 대상국 중에서 154위를 차지했다.

특히 한국의 경우, 에너지 수출 다각화를 위한 러시아의 동북아시아 진출이 본격화된 시점에서 러시아와 경제 교류의 중요성이 더욱 커지고 있다. 우선 성장일로에 있는 러시아의 소비시장과 관련하여 '러시아 맞춤 상품' 전략을 구사한 품목 개발이 요구된다. IT를 비롯한 첨단산업 분야에서 한국의 비교우위를 상품화하거나 구상(求償)무역화할 수 있는 방법을 모색할 시점이다. 러시아의 민영화 과정에 대한 면밀한 현장 조사를 통해 투자 기회를 활용하는 것도 중장기적으로 유익하다.

러시아의 동북아시아 진출 정책에 대응하여 한반도 관통 가스관 건설, 연해주 농지와 연안 항구 개발 등 지역적인 차원에서 한러 경협 문제가 다시 대두되고 있지만 장기적으로는 러시아 경제 전반에 대한 총체적이고 선제적인 대응이 필요하다. 중국 리스크에 대비하기 위해서라도 적극적인 관심이 부활되어야 할 시점이다.

다만 러시아 경제의 대외 의존도, 특히 원유 수요와 가격에 대한 의존도가 여전히 높은 상태라는 점은 반드시 염두에 두어야 한다. 또 하나의 중요한 변수는 2012년 3월 대선에서 당선이 유력시되고 있으며, 당선될 경우 약 12년간 장기 집권에 들어갈 푸틴 정권의 경제정책 향방이다. 러시아 경제는 아직도 정치권력에 의해 좌지우지되기 때문이다.

메드베데프 대통령이 추진하고 있는 자유주의적 경제정책, 특히 민영화 정책에 제동이 걸릴 우려가 있는 것도 사실이다. 그러나 푸틴 대통령 재임 중에도 토지 매매 허용, 세제 완화, 민간 자본에 대한 통제 폐지 등 여러 가지 자유주의적 정책이 시행되었다는 점도 간과하지 말아야 한다. 구체적인 경제 관련 정책과 관련 법 개정에 대한 면밀한 모니터링을 통해 시의적절한 투자를 하는 것이 가장 현명한 대응방법일 것이다.

2

지역별로 분류한 넥스트차이나

❶ 동남아시아: 다양성 속에 통합 모색 중

동남아시아가 새로운 모습으로 다가오고 있다. 태국, 인도네시아 등 동남아시아 신흥국들은 1990년대 후반에 발생한 외환위기를 대부분 극복했고, 2008년의 글로벌 금융위기에도 싱가포르 등 일부 국가를 제외하고는 큰 상처를 입지 않았다. 오히려 6억에 가까운 인구와 하나의 시장을 제도적으로 만들어가고 있다는 점에서 중요한 관심의 대상이 되었다. 싱가포르, 태국, 말레이시아, 인도네시아, 베트남 등의 10개국을 지칭하는 동남아시아는 아세안(ASEAN)을 결성해 경제 공동체를 추진하고 있다.

2015년을 목표로 경제 공동체 건설 중

그러나 동남아시아 10개국은 각각의 경제발전 단계나 경제 규모 면에서 큰 차이를 보이고 있다. 인도네시아의 인구는 2억 4,000만 명 이상이지만 브루나이의 인구는 40만 명에 불과하다. 싱가포르의 1인당 GNI는 4만 달러를 상회하지만 캄보디아의 1인당 GNI는 760달러밖에 되지 않는다. 경제체제 면에서도 자유개방 국가인 싱가포르와 폐쇄 국가인 미얀마가 공존한다. 이 때문에 아세안에서의 활동과 경제발전 정도 그리고 경제 규모에 따라 선발된 아세안 6개국과 CLMV 국가로 구분되기도 한다. 아세안 6개국은 1990년대 중반 이전에 아세안 회원국이 된 국가들로, 기존 회원국인 인도네시아, 말레이시아, 필리핀, 싱가포르, 태국 등 5개국에 1984년 브루나이가 합류했다. CLMV 국가들은 1990년대 중반에 새로 아세안 회원국이 된 국가들이다. 한때 사회주의 체제를 유지했던 베트남, 아직도 시장이 완전하게 작동하지 않는 미얀마, 캄보디아, 라오스 등 경제발전 단계가 낮은 4개국으로 각 나라의 영문 첫 글자를 따서 칭한 것이다.

동남아시아 국가들은 1993년부터 아세안자유무역지대(AFTA)를 추진하기 시작하여 선발 국가들은 일부 민감 품목을 제외하고는 공산품 관세를 거의 철폐했다. 나아가 CLMV 국가까지 포함한 동남아시아 10개국 전체는 2015년을 목표로 경제 공동체를 건설할 예정이다. 역내의 경제를 통합하여 하나의 시장을 만들고 세계적인 생산기지를 건설하겠다는 것이다. 실제로 동남아시아의 인구는 2010년 현재 약 6억 명으로 한국의 12배 수준이며 구매력 평가

● 아세안 10개국의 주요 경제지표(2010)

국가명	인구 (백만 명)	면적 (천㎢)	GDP (ppp, 경상 억 달러)	1인당 GNI (세계은행 환율, 2010)	상품 수출 (억 달러)
부르나이	0.4	5.3	203	31,180	93
캄보디아	14.3	181.0	309	760	51
인도네시아	234.2	1,811.6	10,330	2,580	1,578
라오스	6.2	236.8	147	1,010	17
말레이시아	28.3	330.1	4,173	7,900	1,985
미얀마	59.8	676.5	–	–	88
필리핀	94.0	300.1	3,688	2,050	514
싱가포르	5.1	0.7	2,872	40,920	3,512
태국	67.3	514.0	5,888	4,210	1,932
베트남	86.5	330.4	2,776	1,100	722
아세안 합계	596.0	4,386.5	30,386	–	10,492
한국	48.9	99.7	14,165	19,890	4,664

자료: ADB, Key Indicators 2010.

기준 GDP 규모는 약 3조 달러로 한국의 2.1배에 해당한다. 또한 동남아시아의 수출 규모는 1조 달러가 넘어 한국의 2.2배에 이른다. 이들이 하나의 경제 공동체를 건설한다면 엄청난 시장 규모와 풍부한 노동력을 갖춘 경제 지역으로 전환될 것이다.

생산기지에서 소비시장으로

싱가포르와 말레이시아는 1970년대 초부터 다국적기업을 유치하여 전자산업을 발전시켰으며, 1980년대 중반 이후에는 태국과 인도네시아도 섬유, 의류, 신발, 전자 등 노동집약적인 경공업을 유치해 성장했다. 한국 기업들도 이 시기에 동남아시아에 대한 투자를 확대하면서 수출을 급속도로 증가시켰다. 1960년대 이후 동남아시아에서 1차 상품을 수입할 때는 무역수지 적자가 지속되었으나 직접투자가 증가하면서부터는 부품 및 중간재의 수출이 증가했고 1990년 처음으로 무역수지 흑자를 기록했다. 그 후 동남아시아는 한국의 주요 시장이 되어 1995년에는 한국의 총 수출에서 15%의 비중을 차지했다.

동남아시아 경제는 1985년에서 1990년대 전반까지 고도성장을 달성했는데 이는 모두 외국인직접투자를 유치한 덕분이었다. 1985년 플라자합의 이후 일본 기업으로부터 시작된 동남아시아 진출 열기는 한국과 대만 기업으로 이어졌고, 이를 통해 세계적인 경공업 제품의 생산기지로 성장했다. 그러나 부품산업이 개발되지 않았던 한국이 태국, 인도네시아 등에서 부품, 중간재, 소재의 수입을 크게 늘리면서 동남아시아에 대한 투자와 수출은 동력을 상실했다. 신규 투자가 증가하기는커녕 기존 투자까지 철수하는 경우도 많아졌다. 이 때문에 수출의 절대 규모가 감소하는 현상도 발생했다.

그러나 2003년 이후 구조조정을 완료하고, 중국의 부상과 함께 자원 수출이 증가하자 동남아 경제는 다시 회복세를 보이기 시작했다. 한국의 대동남아시아 수출도 다시 증가했다. 2010년 동남아시아 10개국과의 교역에서 수출은 532억 달러로 전체의 11.4%, 수입은 441억 달러로 전체의 10.4%를 기록했으며, 총 교역액 973억 달러로 중국에 이어 2위 규모다. 이는 오랜 경제협력 대상국인 미국이나 유럽연합보다 큰 수치다. 더욱이 한국은 동남아시아에서 상당한 무역수지 흑자를 기록하고 있다.

중국 이후 새로이 주목받는 생산기지

중국의 고도성장과 생산비용 증가, 동남아시아의 안정적인 성장은 한국에게 동남아시아의 전략적 가치를 다시 한 번 돌아보게 한다. 그동안 중국에 제조업 투자기지의 자리를 내주었던 동남아시아가 다시 관심의 대상이 되고 있는 것이다.

일본무역진흥회(JETRO)가 2010년 8월 조사한 결과에 의하면 중국 제조업체의 근로자 임금은 월 303달러이고 비제조업 부문은 675달러였다. 제조업의 임금 수준이 노동력이 풍부한 인도네시아와 베트남, 캄보디아는 물론이고, 중국보다 1인당 소득이 높은 말레이시아(298달러), 태국(263달러)보다도 더 높아진 것이다. 내수시장이 아닌 해외시장을 노리는 중국 진출 경공업체들도 보다 생산비가 저렴한 국가로 생산설비를 이전하려는 움직임을 보이고 있다. 인도네시아, 베트남, 캄보디아 등이 이들이 주목하는 나라다.

일본무역진흥회는 일본 기업의 생산 거점 이전 실태도 조사했는데 2006년에는 중국으로 간 기업이 49.4%였고 아세안으로 간 기업이 30%였지만, 2010년에는 중국으로 간 기업이 32.8%로 감소했고 아세안으로 간 기업이 33.6%로 증가했다. 동남아시아가 생산기지로서 다시 한 번 각광받고 있음을 보여주는 수치다.

이는 비단 중국의 경영환경이 악화되어 나타난 현상만은 아니다. 실제로 동남아시아의 중산층이 빠른 속도로 두터워지고 있다. 영국의 리서치 기관인 유로모니터(Euromonitor)의 전망에 따르면 2009년 현재 2억 명이 안 되는 동남아시아 5개국의 중산층 인

(단위: 백만 명)

	저소득층	하위 중산층	상위 중산층	부유층	계	하위+상위
2009년	270	163	32	14	478	195
2015년	178	252	76	30	535	328
2020년	123	261	127	50	561	388

주 1: 저소득층은 세대당 가처분소득이 연간 5,000달러 이하, 하위 중산층은 5,000~15,000달러, 상위 중산층은 15,000~
35,000달러 이하, 부유층은 35,000달러 이상.
주 2: 동남아시아 5개국은 인도네시아, 필리핀, 베트남, 태국, 말레이시아를 가리킨다.
자료: Euromonitor

구는 2015년에 약 3억 3,000만 명, 2020년에는 약 3억 9,000만 명
에 이를 것으로 예상된다. 중산층의 증가에 따라 자동차, 전자제
품, 통신기기 등 내구 소비재의 소비가 증가하고, 소비 행위도 과
거에 비해 근대적인 백화점, 쇼핑센터 등에서 이루어질 것으로
보인다. 중산층의 형성으로 창출되는 시장은 1990년대 전반의 시
장과는 성격이 다르다. 당시에는 한국 기업의 직접투자로 파생된
부품, 중간재, 소재의 비중이 높았지만 중산층의 형성으로 최종
소비재가 중요한 시장이 될 것이다.

동남아시아 경제의 위험 요소

그러나 동남아시아 경제에는 위험 요소도 존재한다. 해외 의존도
가 너무 높아 해외 여건에 쉽게 영향을 받을 수 있다는 점이다. 또
한 태국 등에서 보듯이 정치적 불안 요소도 존재한다. 동남아시
아 경제가 호조를 보이는 이유 중 하나가 중국과 인도의 자원 수
입 증가인데 이 때문에 인도네시아, 말레이시아 등에서는 자원이
제조업보다 1차 상품으로 이전하는 소위 '더치 디지즈(Dutch

disease, 1960년대 많은 천연가스가 발견되어 호황을 낙관했으나 오히려 경제불황을 겪었던 네덜란드의 사례를 가리키는 말)' 현상도 나타났다. 여기에 중국·아세안 FTA 결과 중국의 중저가 공산품이 동남아시아로 급속히 유입되고 있어 장기적으로는 조립산업이 위축될 가능성도 있다. 동남아시아에 관심을 갖는 한국 기업들은 이 점을 반드시 염두에 두어야 한다.

❷ 아프리카: 마지막 프런티어 시장

아프리카 경제 전문가이자 옥스퍼드 대학의 교수인 폴 콜리어(Paul Collier)는 금융위기 직후인 2009년 《하버드 비즈니스 리뷰》에 "지금이 바로 아프리카에 투자할 시기"라는 글을 기고했다. 또한 회계법인 언스트앤영(Ernst & Young)이 2011년 글로벌 기업들의 의사결정자 562명을 대상으로 조사한 바에 따르면 응답자의 75%가 앞으로 3년 동안 아프리카 시장의 투자 매력도가 증가할 것이라고 답했다.[25]

실제로 2010년 말 무타르 켄트(Muhtar Kent) 코카콜라 CEO는 "사업적인 측면에서 보자면 중국과 인도보다 아프리카 시장이 더욱 중요하다"며 향후 10년간 아프리카 시장에 120억 달러를 투자하겠다고 발표했다. 기아와 내전, 정정 불안 등이 끊이지 않아 한때 죽은 대륙으로까지 인식되던 사하라 이남 아프리카(이하 아프리카)

---

25 Otty, M. and Sita, A. (2011). "Ernst & Young's 2011 Africa attractivess survey: It's time for Africa". Ernst & Young.

에 글로벌 기업들이 주목하는 이유는 무엇일까?

정부 주도로 자생력 키우는 아프리카 국가들

1980년대와 1990년대에 아프리카의 1인당 GDP는 500달러대에서 제자리걸음을 반복했다. 부족한 인프라와 낮은 저축률 등으로 성장동력을 확보하지 못하여 경제성장률 역시 연평균 2~3%에 머물렀다. 선진국들은 1970년대 말 원조 규모를 확대하며 구제에 나섰으나 자생력이 없는 아프리카 국가들의 재정은 날로 악화되었다.

그러나 2000년대에 이르자 대내외적인 요소들이 개선되면서 경제성장률은 연평균 5.5%로 높아졌다. 2010년 기준 아프리카의 경제 규모는 약 1조 1,000억 달러로 1조 5,000억 달러 수준인 인도나 러시아 경제를 바짝 추격하고 있다. 1인당 GDP도 약 1,200달러로 인도와 비슷하다. 특히 남아프리카공화국, 나이지리아, 앙골라의 GDP는 아프리카 전체의 59%를 차지하고 있으며, 앙골라, 나미비아 등 총 8개국의 1인당 GDP는 4,000달러를 상회한다. 또 내전이 줄어들고 민주화 확산으로 정정(政情)이 점차 안정되면서 아프리카 낙관론이 부각되어 많은 기업들이 마지막 프런티어 시장으로 아프리카에 눈을 돌리고 있다.

아프리카의 경제발전에 중요한 역할을 한 것은 1990년 중후반부터 다수의 국가들이 도입한 재정 안정화, 정부 효율성 개선, 통상 개방 등과 같은 정책의 성공이다. 우선, 많은 국가들이 물가를 통제하는 데 성공했다. 남아프리카공화국과 가나는 각각 2000년과 2007년에 물가안정 목표제를 도입했고, 여타 아프리카 국가들도 통화량 목표제, 관리변동환율제 등을 도입하며 물가 압력을 완화시키는 데 많은 노력을 기울였다. 그 결과, 1995년 40%에 육박했던 물가 상승률은 2010년 7%대로 크게 낮아졌다.

아프리카 국가들의 정부 부채도 크게 줄어 생산성을 개선하는 데 재정을 투입할 수 있게 되었다. 1996년에 설립된 최빈국부채 탕감프로젝트(HIPC)와 2005년에 시작된 다자간채무탕감계획(MDRI)이 추진되면서 GDP 대비 정부 부채가 100% 이상인 국가가 2002년 16개국에서 2009년 5개국으로 감소했고, 60% 이하인 국가가 11개국에서 33개국으로 늘어났다. 더불어 각 정부의 재정정책 개혁과 산유국들의 에너지 수입관리 역량 강화도 부채를 줄이는 데 중요한 기여를 한 것으로 분석된다.

글로벌 자금 유치와 민간경제 활성화를 위한 아프리카 정부의 노력으로 인해 사업환경도 빠르게 개선되었다. 세계은행은 2006년과 2011년 사이 10대 개혁 국가에 르완다, 부르키나파소 등 총 4개 아프리카 국가를 포함시켰고 남아프리카공화국의 사업환경은 브릭스 수준을 웃도는 것으로 나타났다. 더불어 르완다, 탄자니아 등 7개 아프리카국 정부는 투자자들의 신뢰를 구축하고 창업을 활성화하기 위해 상업법 제도를 대대적으로 개혁했다. 이와 같은 변화에 힘입어 2010년 아프리카의 외국인직접투자 규모는 400억 달러를 기록했다. 2000년에 비해 5배나 증가한 수치다.

자원 수출 확대와 산업 다각화

여기에 글로벌 자원 수요까지 확대되면서 경제성장에 힘을 더했다. 자원 가격의 상승으로 2000년과 2010년 사이 아프리카의 원자재 수출 규모는 3.8배나 증가했고, 최근에는 MENA(Middle East and North Africa, 중동·북아프리카 경제협력기구) 사태로 인한 석유 공급 불안까지 더해져 차세대 에너지 공급처로 주목받고 있다. 2010년, 나이지리아와 앙골라는 세계 원유 생산량의 2.9%와 2.3%를 각각 담당했으며 아프리카 전체는 9.3%를 담당했다. 다양한 광물도 많이 매장되어 있는데 남아프리카공화국, 나미비아, 콩고 등에는 다이아몬드가, 니제르, 차드, 소말리아 등에는 우라늄이, 콩고, 잠비아, 짐바브웨 등에는 구리가 매장되어 있다.

뿐만 아니라 산업 전 분야가 고르게 발전하는 중이다. 2000년과 2007년 사이 아프리카에서는 숙식업과 금융업의 연평균 성장률이 8%를 상회했고, 수송통신업, 건설업, 공익사업도 원자재산업보다 빠른 속도로 성장했다. 이러한 변화를 반영하듯 외국인직접투자 역시 다양한 산업으로 분산되고 있다. 아프리카의 신규 외국인직접투자 프로젝트 중 원자재산업이 차지하는 비중은 2003년 31%에서 2010년 11%로 크게 줄어든 반면, 통신업과 금융 서비스가 차지하는 비중은 각각 2%와 11%에서 8%와 16%로 크게 증가했다.[26]

---

26 Roxburgh, C. et al.(2010). "Lions on the move: The progress and potential of African economies". Mckinsey Global Institute.

소비 잠재력 향상과 확대되는 인프라 시장

글로벌 기업들이 이처럼 다양한 산업에 투자를 늘리고 있는 것은 아프리카 소비시장의 잠재력을 긍정적으로 평가하기 때문이다. 우선, 아프리카 인구의 약 90%를 차지하는 BOP(Base Of the economic Pyramid, 하루 2달러 미만을 지출하는 빈곤층을 포함한 연소득 3,000달러 미만의 중하층 인구를 의미한다[27]) 계층의 구매력이 2000년대 이후 꾸준히 높아지고 있다. 아프리카개발은행은 빈곤층을 벗어나 하루 2달러에서 20달러(2005년 구매력 평가 기준)를 소비할 수 있게 된 인구가 10년 사이 60%나 증가하여 2010년에는 3억 명을 넘어섰다고 발표했다.[28]

아프리카의 열악한 인프라 환경을 기회로 바라보는 시각도 많아졌다. 이를 뒷받침하듯 2000년에서 2008년 사이 아프리카 인프라 시장의 민간투자 규모가 연평균 13%나 증가했다. 아프리카의 인프라 수요를 충족시키기 위해 필요한 투자자금은 연 930억 달러로 추정된다.[29] 현재 아프리카의 도시화 비율과 휴대폰 가입률은 각각 40% 수준이지만, 남아프리카공화국의 경우 이 수치가 60%와 90%를 상회하는 것으로 미루어볼 때 아프리카 국가들의 인프라 시장 규모는 계속해서 확대될 것으로 보인다.

---

27 Hammond, A.L. et al. (2007). "The Next 4 Billion: Market Size and Business Strategy at the Base of the Pyramid". World Resource Institute.
28 Ncube, M. et al. (2011). "The middle of the pyramid: Dynamics of the middle class in Africa". African Development Bank.
29 Foster, V. and Briceño-Garmendia, C. (2010). "Africa's Infrastructure: A time for transformation". The International Bank for Reconstruction and Development/The World Bank.

아프리카 시장을 공략할 때의 유의사항

아프리카 시장을 공략하기 위해서는 선제적인 진출이 요구된다. 남아프리카공화국 등 몇몇 국가들을 제외하고는 글로벌 브랜드에 대한 인지도가 비교적 낮기 때문에 얼마나 빨리 브랜드를 알리느냐가 진출의 관건이라 할 수 있다. 이미 여러 개발도상국에 성공적으로 진출한 글로벌 기업들이 경험했듯이 브랜드에 대한 욕구와 충성심은 시간이 흐를수록 점차 강화되기 때문이다.

또한 경제발전과 사회발전을 함께 고려한 접근이 필요하다. 예를 들어 금융업이 발달되지 않은 케냐에서는 사파리콤의 엠페사(M-PESA) 같은 휴대폰 서비스가 돈을 송금하고 저축할 수 있는 도구로 사용되고 있고, 구글 트레이더는 수급 관련 정보가 부족한 우간다와 가나의 농부들에게 휴대폰 문자로 구매자를 연결해주는 서비스를 제공 중이다. 최저 생활수준에서 벗어나는 소비자와 도시 인구가 크게 증가할 것이 예상되므로 이들을 겨냥한 중장기 전략도 필요하다.

신성장동력을 찾아 나선 글로벌 기업들에게 아프리카는 매력적인 투자처로 떠오르고 있으나 여전히 정치적 리스크가 높고 사업환경도 열악한 것이 사실이다. 그러나 국가마다 경제발전 역량과 정치 상황이 달라 '아프리카 디스카운트(가치보다 저평가 되어 있는 상황)'를 일괄적으로 적용하기는 어렵다. 국가에 따라 1인당 GDP가 180달러에서 1만 1,000달러까지 차이가 나고, 2000년대에 연평균 6% 이상의 경제성장률을 달성한 나라가 11개국이나 되기 때문이다.

물론 다수의 아프리카 국가들은 아직도 정치적으로 불안하지만 보츠와나, 남아프리카공화국, 가나 등의 국가 경영 수준은 다른 신흥국들을 훨씬 앞선 것으로 분석된다. 또한 국가마다 경제 구조, 유망 산업, 인프라 상황이 크게 다르기 때문에 국가별, 지역별 현황도 면밀히 분석할 필요가 있다.

마지막으로, 중장기적 관점에서는 생산기지로서의 가능성을 고려해볼 수 있다. 아프리카의 인구는 2017년 10억 명을 돌파하고 2032년에는 중국을, 2040년에는 인도를 넘어설 것으로 전망된다.[30] 인프라 및 사업환경과 각종 사회지표들이 개선되고 나면 풍부한 노동력을 기반으로 수십 년 안에 차세대 생산기지로 부상할 가능성이 있다.

❸ 중남미: 최대 호황 누리는 신흥 지역의 리더

중남미 경제는 2000년대 중후반에 최대의 호황을 경험했다. 2004년에서 2008년 사이의 연평균 성장률은 5.3%였고, 1990년대 128%까지 치솟았던 물가 상승률은 2000년대에 7%로 안정되었다. 또한 고질적인 문제였던 높은 대외부채도 2002년 GDP 대비 42%에서 2010년 21%로 감소했다. 브라질 등 주요 중남미 국가들이 안정적인 거시경제 운용을 위해 다양한 정책을 도입한 결과다.

---

30 UN Population Division DB, "World Population Prospects: The 2010 Revision".

그러나 1999년에는 브라질에서 가장 부유한 주의 하나인 미나스제라이스 주가, 2001년에는 아르헨티나가 디폴트(채무불이행)를 선언하는 등 2000년대 초반에는 불안이 최고조에 달했다. 동아시아(1997년)와 러시아(1999년) 등 여타 신흥 지역에서도 위기상황이 발생하여 해외자금이 대거 이탈하기도 했다. 당시 고정환율제의 한계를 느낀 중남미 주요국들은 결국 달러 페그제(자국 통화의 미 달러화에 대한 환율은 고정시켜 둔 채 기타 통화에 대한 환율은 미 달러화의 변동에 따라 자동적으로 결정되게 하는 방식)를 포기했다. 단기적으로는 상당한 충격을 받았으나 이를 계기로 통화정책에 대한 중앙은행의 독립성이 강화되면서 중남미는 개혁의 전기를 마련할 수 있었다.

아르헨티나는 디폴트 선언 이후 수출세와 금융거래세를 도입하는 등 비정통적인 정책을 추진했다. 독보적인 경제 모델을 통해 금융시장을 안정시키고 성장의 기반을 구축한 것이다. 그 결과, 1999년 이후 3년 연속으로 마이너스 성장을 기록하며 실업률이 급격히 상승하던 아르헨티나에서 2004년부터는 환율과 물가가 안정되기 시작했고 이후 5년간 경제는 연평균 8.4%의 높은 성장률을 달성했다.

풍부한 자원, 부상하는 인프라 시장

신흥국의 자원 수요 확대로 인한 원자재 가격의 상승은 중남미 경제성장의 견인차 역할을 했다. 중남미의 자원 수출은 금융위기 이전 5년 동안 연평균 19%씩 증가했고, 위기 이후에도 빠른 회복세를 보이며 2010년에는 4,950억 달러를 기록했다. 브라질의 경우 철광석과 설탕 수출이 급증했고, 아르헨티나는 대두 수출, 콜롬비아는 원유 수출이 경제성장에 기여했다.

앞으로도 자원을 갖고 있는 다수의 중남미 국가들은 견고한 성장세를 유지할 것이다. 중남미에는 전 세계 석유의 17.3%가 매장되어 있고 다수의 국가들이 심해유전을 개발하고 있어 중장기적으로 매장량이 크게 증가할 전망이다. 또한 세계 철 매장량의 18.3%를 차지하는 브라질과 구리 매장량의 23.8%를 차지하는 칠레의 광물 수출도 지속적 증가가 예상된다. 신흥국의 인프라 구축에 필요한 원자재 수요가 계속해서 늘어날 것이기 때문이다. 중국 등 신흥국의 생활수준이 높아지면서 늘어나는 육류와 곡물 수요도 아르헨티나와 브라질의 경제성장에 기여할 것으로 보이는데 이와 함께 관련 산업의 동반성장도 예측된다.

글로벌 기업들은 인프라가 열악한 중남미에서 성장동력을 찾고 있다. 예를 들어 GE의 2010년 전체 매출은 3% 감소했으나 중남미에서의 매출은 오히려 7% 증가했다. GE 남미지사의 CEO 레이날도 가르시아(Reinaldo Garcia)는 2010년에 82억 달러를 기록한 중남미 매출이 3~4년 안에 2배 가까이 늘어날 것으로 예상했다. 중남미에서 빠르게 증가하고 있는 중산층 인구의 기초 인프라 수요와 수출 활성화에 필요한 수송 인프라 수요가 크게 확대될 것이라고 보기 때문이다. 자원 수출의 증가로 다수의 중남미 국가들이 충분한 투자자금을 확보해놓은 상황이고, 멕시코의 국가인프라 프로그램 등 중남미 국가들이 발표한 국가발전계획에도 인프라 투자가 중요한 비중을 차지하고 있다. 또한 자원 보유국들의 플랜트 시장이 고부가가치화 전략과 함께 꾸준히 성장할 것으로 예상되므로 이 분야에서 비교우위를 지닌 한국 기업들은 중남미 인프라 시장을 집중 공략할 필요가 있다.

사회적 변화와 중산층의 부상

역사적으로 중남미의 경제 불균형은 매우 높은 편이었으나 경제가 빠르게 성장하고 정부의 저소득층 지원이 확대되면서 최근에는 불평등 수준이 많이 완화되었다. 2002년과 2008년 사이 4,000만 명 이상이 빈곤층을 탈출했고 18개 남미 국가 중 15개국에서 지니계수(소득 분배의 불평등도를 나타내는 수치)가 하락했다.[31]

브라질의 실용 좌파주의의 성공이 모범사례로 꼽히면서 다른 중남미 국가들도 룰라 전 대통령이 도입한 빈곤층 지원정책과 신시장 경제정책의 융합을 시도하고 있다. 포퓰리즘 정책을 남발하던 국가들도 원자재 가격 변동에 따른 재정 불안 위험을 인식하며 더욱 적극적으로 사회지원정책을 펼치기 시작했다. 또한 정부가 실업자 보험, 일자리 창출 계획, 조건부 지원제도 등을 도입하면서 경제발전과 불평등 해소가 동시에 달성되었다.

이 같은 사회적 변화는 글로벌 기업들에게 새로운 시장을 열어주었다. 1999년 이후 중남미 주요국의 5,600만 가구가 중산층에 진입했고, 2007년에는 중산층이 총 1억 2,300만 가구에 달했다.

---

31 Eyzaguirre, N. (2011. 3). "Sustaining Latin America's Transformation". *Finance & Development* (48-1). IMF.

중산층의 소비가 확대되면서 휴대폰, TV 등 전자제품 판매가 크게 증가했고, 이에 힘입어 삼성전자는 2012년 중남미 매출 목표를 2010년보다 35억 달러 높은 100억 달러로 설정했다.[32]

한국 기업에 열린 시장 기회

중남미 시장은 수출지역 다변화가 필요한 한국 기업에 중요한 기회를 제공하고 있다. 중남미의 1인당 GDP는 2010년 기준 8,530달러로 다른 신흥 지역들보다 월등히 높다. 또한 소비 성향이 강해서 아르헨티나에서는 2002년과 2010년 사이 가전제품 판매(수량 기준)가 무려 892%나 성장했다.[33] 한국 기업들은 이미 남미에서 강력한 브랜드 파워를 자랑하고 있어 현재 유리한 위치에 있다. 앞으로도 대표 수출품인 가전제품 시장의 지속적 확대가 예상되나 향후 경제성장과 함께 중산층 인구가 늘어나면서 시장 판도가 빠르게 변화할 것으로 예상된다. 경쟁이 심화되는 중남미 시장에서 브랜드 파워를 강화하기 위해서는 변화하는 중산층 소비자의 성향을 파악하고 스포츠·엔터테인먼트 마케팅을 적극 활용할 필요가 있다.

또 중남미 인프라 시장에 진출할 때는 현지 기업과의 컨소시엄을 검토해야 한다. 중남미 건설 및 플랜트 시장은 외국 업체에 대해 배타적인 경향이 있고, 많은 중남미 국가들이 자국 기업과의

---

32 언론 종합
33 Euromonitor International (2011. 1. 17). "Argentinean consumers in 2020: A look into the future".

협력을 장려하고 있기 때문이다. 유력 산업체와의 합작투자를 통한 진출을 고려하고, 현지 네트워크 구축에도 노력해야 한다.[34]

이러한 기회를 잘 포착하기 위해서는 현지 생산 역량을 강화할 필요가 있다. 자원 수출에 힘입어 역사상 최고의 호황을 경험한 중남미 국가들이 최근 제조업을 육성하기 위해 다양한 투자 지원 정책을 펴고 있기 때문이다.

철광석, 대두 등 주요 수출 품목들의 가격이 하락세를 보이고, 2011년 하반기에는 유럽의 재정위기 여파로 경제가 큰 타격을 입자 중남미 국가들의 보호주의 성향은 더욱 심화되었다. 이에 대비해 한국은 중남미 신흥국들과의 FTA 체결을 검토하여[35] 우호적인 통상환경을 만들어 나가고, 보호주의 정책의 배경과 목적을 이해하여 현지 정부 또는 기업과 협력할 수 있는 방안을 마련해야 한다.

④ 동유럽 4개국: 생산기지에서 소비시장으로

동유럽 국가[36]들은 1990년대부터 자본주의 시장경제를 받아들이기 위한 체제 전환에 나섰다. 특히 2004년 유럽연합 가입을 계기로 많은 동유럽 국가들이 사회주의

---

34 권기수 외 (2010). "중남미 건설 · 플랜트 시장의 특성 분석과 한국의 진출 방안" (10–17). 대외경제정책연구소.
35 한국의 사상 첫 FTA 대상국은 칠레(2004년 4월 발효)였으며 2011년 8월에는 페루와의 FTA가 발효되었다.
36 여기서 동유럽 국가는 IMF가 동유럽 국가로 분류한 14개국에 체코, 슬로바키아, 슬로베니아, 에스토니아, 우크라이나 5개국을 합한 총 19개국으로 정의한다.

계획경제를 청산하고 자본주의 시장경제로 전환했다. 현재 동유럽은 생산기지로서의 역할이 강하다. 세계 최대 규모인 서유럽 시장에 인접해 있어 수출시장 확대가 용이하기 때문이다. 게다가 숙련된 노동력이 풍부하여 가격 경쟁력을 확보하려는 유럽 기업들은 물론 다국적기업들의 생산기지로 계속해서 각광받을 전망이다.

한편 다른 신흥국들처럼 외국인 투자가 꾸준히 증가하고, 생산활동이 지속적으로 이루어져 생활수준도 향상되고 있다. 이에 따라 소비시장으로서의 중요성도 날로 커지고 있다.[37] 브릭스나 아시아, 중남미, 아프리카 등 다른 신흥국들에 비해 인구 고령화 등 불리한 측면이 있지만, 중장기적으로는 꾸준한 경제성장이 기대되기 때문에 소득수준 향상과 구매력 증가 또한 기대해볼 만하다.

단, 경제적으로 서유럽과 밀접하게 연결되어 있어 외부 충격에 민감하게 반응하는 것이 취약점이다. 무역과 금융 면에서 서유럽과 강하게 연계되어 있어 2008년 글로벌 금융위기에 이어 유럽 재정위기에도 고스란히 노출되어 있다. 이 때문에 동유럽이 과거처럼 높은 경제성장률을 달성하기는 어려울 것이라는 비관적인 전망도 있다. 하지만 IMF와 글로벌 인사이트 등은 신흥시장으로서 지속적인 수요 확대가 예상되므로 상대적으로 높은 경제성장이 가능할 것으로 내다보고 있다.

---

37 2010년 말 기준으로 동유럽의 GDP는 유로존 GDP 대비 14.5% 수준으로 평가된다.

동유럽의 국가별 경제발전 단계

2000~2008년 동유럽 국가의 경제성장률은 연평균 4.7%였으나, 글로벌 금융위기 직후인 2009년에는 −3.6%의 성장률을 기록했다. 하지만 2010년부터는 다시 성장세를 회복하여 2016년까지 연평균 3.8%의 비교적 높은 성장률을 달성할 것으로 예상된다.[38]

2001년에 5,658억 달러(세계 전체 비중 1.8%)에 불과했던 경제 규모도 3배 이상 커져서 2008년에는 1조 9,216억 달러(비중 3.1%)를 기록했다. IMF는 2016년에 이르면 동유럽의 경제 규모가 2조 6,830억 달러에 이를 것으로 전망했는데, 다른 신흥국들의 약진으로 인해 세계경제에서 차지하는 비중은 2.9%로 다소 줄어들 것으로 보인다. 2000년에 8,140달러에 불과하던 1인당 GDP는 2004년에 1만 달러를 돌파했으며, 2016년이 되면 1만 8,960달러에 이를 것으로 예상된다.[39]

경제발전 이론에 따르면, 한 나라의 경제구조는 소득 증가에 따라 요소 주도형(factor driven)에서 효율 주도형(efficiency driven)으로, 그 다음에는 혁신 주도형(innovation driven)으로 발전한다. 1인당 GDP로 보자면, 대부분의 동유럽 국가들은 현재 효율 주도형에서 혁신 주도형으로 넘어가는 단계에 있다.

하지만 발전 단계는 국가마다 상당한 차이를 보인다. 세계경제포럼(WEF)은 시장환율 기준으로 1인당 GDP가 2,000달러 이하인

---

38 IMF (2011. 9). World Economic Outlook DB.
39 상동.

국가는 미숙련 노동력과 천연자원에 의존하여 성장하고, 3,000~9,000달러인 국가는 효율화된 제조업에 의존하여 성장하는 것으로 규정하고 있다. 그리고 GDP가 1만 7,000달러 이상인 경제는 높은 임금과 소득수준을 유지하기 위해 혁신 공정을 통해 차별화된 첨단제품을 생산하는 것으로 파악했다.[40]

2010년을 기준으로 보면 슬로베니아와 체코는 이미 혁신 주도형 경제에 진입했으며, 폴란드, 슬로바키아, 헝가리, 터키 등은 효율 주도형과 혁신 주도형의 중간 단계에 있는 것으로 파악된다. 루마니아, 불가리아, 세르비아 등은 효율 주도형에 속하는 반면, 우크라이나는 요소 주도형에서 효율 주도형으로 넘어가는 중간 단계에 있다. 슬로베니아와 체코는 이미 선진 경제권에 진입한 상태다. 슬로바키아와 헝가리는 2020년까지 선진 경제권에 진입할 가능성이 높으며, 폴란드와 크로아티아는 선진 경제로 도약하기 위한 성장을 계속할 것으로 예상된다. 한편 루마니아와 불

● **동유럽 국가들의 경제발전 단계(2010년 기준)**

구분	GDP(달러)	해당 국가
1단계	2,000 이하	–
1단계~2단계	2,000~3,000	우크라이나
2단계	3,000~9,000	루마니아, 알바니아, 보스니아, 불가리아, 구유고연방, 몬테네그로, 세르비아
2단계~3단계	9,000~17,000	폴란드, 터키, 크로아티아, 헝가리, 에스토니아, 라트비아, 리투아니아, 슬로바키아
3단계	17,000 이상	슬로베니아, 체코

주: 1단계는 요소 주도형, 2단계는 효율 주도형, 3단계는 혁신 주도형.
자료: IMF(2011). World Economic Outlook DB.

40 WEF(2010). "The Global Competitiveness Report 2010-2011"

가리아, 세르비아는 경제발전 단계상 브라질, 중국, 터키와 유사한 수준에 있어 세계시장에서 이들 국가와 경쟁할 것으로 전망된다. 한편 경제발전 단계상 가장 뒤처져 있는 우크라이나는 서방 기업들의 생산기지로서 입지를 구축해야 지속적인 경제성장이 가능할 것으로 보인다.

동유럽의 4대 유망 신흥국

동유럽에서 넥스트차이나로 주목해야 할 국가는 폴란드, 터키, 루마니아, 우크라이나 등 4개국이다. 루마니아(인구 2,140만 명)를 제외하면 대부분 인구가 4,000만 명을 상회하는 인구 대국이다. 이들 국가는 많은 인구와 내수시장을 바탕으로 성장 잠재력을 갖추고 있어 유망 신흥국으로 주목받는다.

폴란드

생산비용이 낮고 양질의 기술 인력이 풍부한 폴란드는 서유럽 진출의 교두보로 각광받고 있다. 글로벌 금융위기 때에도 탄탄한 내수시장 덕분에 유럽 국가 중에서 알바니아와 더불어 플러스 성장을 기록했다. 앞으로도 3,810만 명의 인구와 연평균 3%대 중반의 경제성장에 힘입어 거대 소비시장으로 부상할 전망이다. IMF는 2010년 1만 2,300달러였던 폴란드의 1인당 GDP가 2016년이면 1만 8,000달러 이상에 이를 것으로 전망했다.[41]

---

41 IMF (2011. 9). World Economic Outlook DB.

인구 7,200만 명으로 유럽의 신흥국 중 인구가 가장 많다. 과거 잦은 경제위기로 IMF 구제금융을 빈번히 지원받았지만 최근에는 글로벌 금융위기를 가장 잘 극복한 국가 중 하나로 평가받고 있다. 터키 경제가 2000년대 들어 고성장을 지속하는 것은 고인플레이션 기조 완화, 대출시장 성장, 외국인직접투자 확대[42] 및 수출 증가 등에 힘입은 결과다. 앞으로 터키 경제는 국내 정치 안정과 구조개혁, 중동 지역의 맹주로서 국제사회에서 역할을 확대하면서 외국 자본의 유입을 촉진해 2015년까지 연평균 3.6% 정도 성장할 것으로 전망된다. 다만, 빠른 경제성장의 이면에는 급속한 신용 팽창[43]과 매년 GDP 대비 5% 이상 되는 경상수지 적자,[44] 해외 단기 투자자금 유입 증가 등의 리스크 요인이 상존하고 있으므로 주의가 필요하다. IMF는 리스크 요인 해소를 위한 정책적 노력이 강화될 경우, 터키 경제가 견고한 성장세를 유지하여 2010년에 1만 달러였던 1인당 GDP가 2016년에는 1만 5,000달러까지 증가할 것으로 예상했다.

---

[42] 2003년 외국인투자촉진법 개정, 2005년 10월 EU 가입 협상 개시에 따른 투자 여건 개선 등 적극적인 외국인직접투자(FDI) 유치 노력으로 2005년 이후 외국인직접투자가 크게 증가했다.

[43] 경기회복 및 저금리 등에 힘입어 민간신용이 급팽창했으며, 이로 인해 주가 등 자산 가격 버블도 우려되는 상황이다.

[44] 수출 증가에도 불구하고 내수 확대에 따른 높은 수입 증가세로 경상수지 적자가 확대되는 등 대외 불균형이 심화되고 있다. 2010년 경상수지 적자가 484억 달러로 확대된 데 이어 2011년에도 적자 폭이 더욱 확대되어 누적 경상수지 적자 규모가 GDP 대비 8%를 초과했다.

루마니아

매년 증가 추세에 있는 경상수지 적자는 루마니아에게 고민을 안
겨주고 있다. 2010년 경상수지 적자는 GDP 대비 7%에서 2016년
13% 이상으로 늘어날 것으로 예상된다. 재정수지도 매년 적자를
기록하고 있어 외국인 투자자금 유입에 크게 의존하는 형편이다.
또 금융위기로 인한 긴축정책으로 다른 나라보다 더 고전하고 있
다. 하지만 IMF는 루마니아 경제가 점차 위기에서 벗어나 2016년
까지 연평균 3.9% 성장할 것으로 예상했다. 발칸반도를 포함한
동남부 유럽 지역의 정치적 안정과 경제발전을 위한 국제사회의
지원이 본격화되면 발칸반도에 위치한 루마니아는 저렴한 숙련
노동력을 바탕으로 성장할 가능성이 충분하다.

우크라이나

인구 4,600만 명의 우크라이나는 외채 상환 압박에 시달리고 있
다. 1년 이내에 만기가 도래하는 GDP 대비 대외부채가 2008년 말
26%에서 2012년에는 35%로 증가할 전망이다. 만기가 도래하는
부채의 이자 지급비용만도 2011년 GDP 대비 1.8%에서 2012년에
3.3%로 늘어날 것이다. 이런 상황에 있는 우크라이나가 디폴트
위기에서 벗어나기 위해서는 IMF의 구제금융에 의존하는 수밖
에 없다. IMF는 자금 지원의 대가로 재정수지와 경상수지 적자
해소를 위해 우크라이나 정부에 국내 가스요금 인상을 요구하고
있다. 하지만 우크라이나 정부로서는 국민들의 실생활과 직결되
는 가스요금 인상이 쉽지 않은 일이다. 그러나 IMF는 우크라이나

의 경제성장률을 연평균 4% 내외로 예측함으로써 1인당 GDP가 2010년 3,000달러에서 2016년에는 5,750달러까지 증가할 것으로 전망했다. 우크라이나가 러시아 및 서방과의 외교관계를 원만히 이끌어갈 경우, 성장 잠재력을 지닌 내수시장과 풍부한 광물자원, 대유럽 에너지 수송로의 관문 역할을 하는 지정학적 이점 등이 우크라이나의 경제성장을 견인할 것으로 예상된다.

❺ 중서남아시아: 기지개 켜는 실크로드

중앙아시아 6개국[45] 중에는 에너지 수출국이자 경제 규모에서 상위 3개국인 카자흐스탄, 우즈베키스탄, 투르크메니스탄 등이 이 지역의 경제발전을 수도할 것으로 예상된다. 세계 에너지 자원의 주요 수입국인 유럽과 아시아 태평양 지역이 공급원 다각화를 위해 이 지역의 자원 개발과 수출에 대한 투자를 확대하고 있으며, 특히 최근 급상승한 에너지 가격이 진정될 기미가 보이지 않기 때문이다. 2008~2009년 세계 경제위기를 성공적으로 극복한 이들 3국은 2010년 GDP 성장률이 각각 7.0%, 8.5%, 9.2%로 세계 평균을 웃돌며 고공 성장했다. 최근 러시아와 벨로루시 등과 관세동맹을 맺은 카자흐스탄은 가장 풍부한 자원 보유국으로서 장기적인 정치 안정과 꾸준한 투자 환경 개선을 통해 해외 투자를 성공적으로 유치하고 산업 현대화

---

45 카자흐스탄, 우즈베키스탄, 투르크메니스탄, 키르기스스탄, 타지키스탄, 몽골.

와 다각화를 진행하고 있어 이 지역에서 가장 중요한 성장동력으로 주목받고 있다.

인도를 제외한 서남아시아 지역의 유망 신흥국으로는 파키스탄과 방글라데시를 들 수 있다. 파키스탄은 인도와 중동을 잇는 지리적 요충지로, 인도와 중동 간의 교류 증가를 고려할 때 급성장할 가능성이 크다. 방글라데시 또한 인도와 동남아시아를 잇는 지리적 요충지여서 인도 경제의 부상과 함께 향후 성장이 기대된다. 다만 파키스탄과 마찬가지로 인도와의 대외관계 회복, 공생번영관계 구축이 성장의 중요한 열쇠가 될 것이다. 두 나라 모두 인도에 비해 성장 속도가 느려, 2010년 기준 1인당 명목 GDP는 파키스탄이 1,000달러, 방글라데시가 670달러로 1,400달러인 인도보다 낮다. 파키스탄의 1억 8,000만 명, 방글라데시의 1억 5,000만 명 인구는 이들 국가 잠재력의 원천이라 할 수 있다.

CIS의 새로운 황태자 카자흐스탄

카자흐스탄은 2010년 우크라이나를 제치고 러시아에 이어 독립국가연합(CIS)의 새로운 2인자로 떠올랐다. 글로벌 인사이트는 2000년부터 2010년까지 카자흐스탄의 평균 GDP 성장률이 8.43%에 이르렀고 향후 2020년까지도 4.47%를 유지할 것[46]이라고 전망했다. 1990년대까지만 해도 마이너스 성장[47]에 허덕이던

---

46 Global Insight (2011. 9).
47 1991~1999년 GDP 평균 성장률 −4.81(Global Insight).

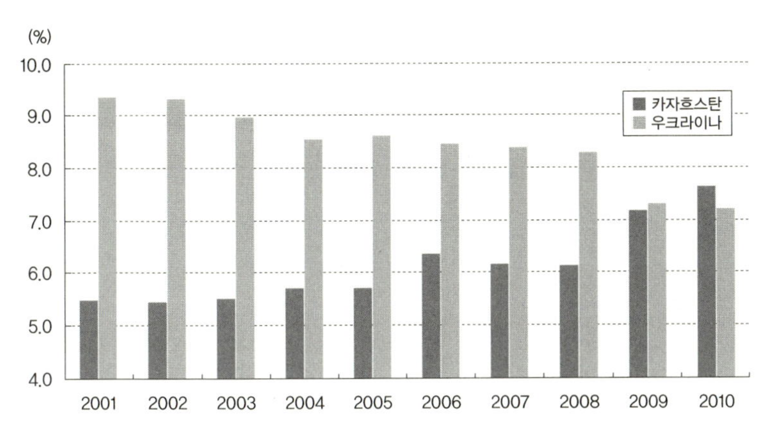

자료: CIS 집행위원회

카자흐스탄의 대변신은 무엇보다 최근 10여 년간 GDP의 25%,[48] 수출의 35% 이상을 차지하는 원유 생산이 약 300%나 증가했기에 가능했다.[49]

그러나 좀 더 깊이 들어가보면 카자흐스탄 정부가 장기적인 정치 안정과 꾸준한 투자환경 개선을 바탕으로 1990년대부터 지금까지 미국, 네덜란드, 영국 등 선진국으로부터 막대한 투자를 유치하여 자원산업의 현대화에 성공한 점을 들 수 있다.[50] 세계에서 아홉 번째로 넓은 영토에 러시아, 중국, 중앙아시아 3개국(우즈

---

[48] Oppenheimer Technical Assistance Consultants 평가.

[49] 카자흐스탄 통계청 자료.

[50] 2010년까지 누계 네덜란드 233억 달러, 미국 200억 달러, 영국 93억 달러, 프랑스 62억 달러, 이탈리아 49억 달러 등 지난 20년간 약 1,240억 달러의 외국인직접투자를 유치했다. 러시아를 포함한 CIS 국가 중에서 1인당 외국인직접투자 1위국으로, 중앙아시아에 유입되는 외국인직접투자의 85% 이상이 카자흐스탄에 집중되고 있다.

베키스탄, 투르크메니스탄, 키르기스스탄), 카스피해를 아우르는 유리한 입지 조건, 풍부한 지하자원,[51] CIS 3위의 곡물 생산량, 세계에서 열 번째로 낮은 문맹률, 정치적 안정 등의 유리한 조건은 카자흐스탄을 가장 매력적인 투자 대상국으로 만들었다. 특히 최근에는 중국이 러시아와 중동에 대한 자원 의존도를 낮추기 위해 카자흐스탄에 집중 투자하고 있어[52] 현재 채굴되는 석유의 4분의 1이 중국 기업들의 소유가 됐을 정도이다. 카자흐스탄은 중국 자본으로 에너지산업 의존도를 낮추는 경제 다각화(교통, 통신, 농업 발전)를 실현하고, 동시에 중국과의 관계 정상화를 통해 러시아와 유럽과의 균형 관계를 유지할 수 있게 되었다. 최근에 러시아, 벨로루시와 맺은 관세동맹은 카자흐스탄의 입지를 더욱 강화하고 있다.

한국 기업도 대내외적 정치 안정과 함께 산업 현대화와 다각화를 이루고 있는 카자흐스탄 경제에 대한 관심을 높여야 할 시점이다. 특히 다양한 산업 자원과 풍부한 곡물은 우리 산업에 가장 시급한 문제를 해결할 수 있는 중요한 조건임을 간과하지 말아야 할 것이다.

---

51 멘델레예프 원소 105개 중에서 99개가 매장되어 있다. 그중 아연·텅스텐·중정석은 매장량 세계 1위이며, 은·납은 2위, 구리·규석은 3위, 금은 6위, 석유·석탄·구리·니켈 채굴량은 CIS에서 2위를 차지하고 있다.

52 2007년 중국 자본으로 카자흐스탄에서 중국 국경 지역까지 준설한 송유관은 현재 카스피해 대륙붕 유전까지 이어졌고, 2009년에는 카자흐스탄 국영 석유업체와 은행에 각각 500억 달러씩 차관이 제공되었다. 2011년에는 폴리프로필렌 생산 프로젝트에 17억 달러, 석유화학 단지 건설용으로 50억 달러의 차관이 제공되었다. 또 5만 5,000톤(800억 달러)의 우라늄 구매 계약이 체결되었으며 수도 아스타나와 최대 도시 알마타를 잇는 고속철도 건설에 참여하기로 결정했다.

서남아시아의 이슬람 국가 파키스탄

인구 1억 8,000만 명, 면적은 한반도의 3.6배인 이슬람 국가 파키스탄도 서남아시아 지역의 유망 신흥국이다. 파키스탄은 원래 인도와 같은 나라였으나, 힌두교와 이슬람 간의 분쟁으로 1947년 독립 당시 인도와 분리되어 이슬람 국가로 탄생했다. 나라의 공식 명칭은 파키스탄회교공화국(Islam Republic of Pakistan)이며 수도인 이슬라마바드 역시 '이슬람의 도시'라는 뜻이다. 인구의 96%가 회교도로, 그중 순혈주의를 고수하지 않는 온건파인 수니파가 80%이며, 나머지는 시아파다.

전체 인구의 37%인 6,500만 명이 도시에 거주하며, 이는 도시화율이 30%에 못 미치는 인도보다 높은 비중이다. 최대 도시는 남부 해안에 위치한 카라치로 인구가 1,700만 명에 육박하여 인도의 최대 도시인 델리와 맞먹는다. 아직 농림축산업의 비중이 20% 이상을 차지하며, 제조업의 비중은 20%에 못 미쳐 산업화가 이루어지지 못한 상황이다. 1인당 GDP는 2010년 기준 1,000달러로 인도와 비슷한 수준이며, GDP 규모는 2010년 기준 1,700억 달러 정도로 인구에 비해 낮은 편이다. 2008년 글로벌 금융위기 당시 IMF에 구제금융을 신청하는 등 어려움을 겪었으나, 2009년에는 성장률 4.7%의 회복세를 보였다. 2001년부터 2010년까지 평균 4.7%의 성장률을 달성했으며, 글로벌 인사이트는 향후 20~30년간 4%대의 성장이 지속될 것으로 전망했다. 많은 인구와 상대적으로 낮은 1인당 GDP 수준이 성장의 원동력으로 작용할 것이며, 인프라 투자와 개방이 확대될 경우 성장이 더욱 속도를 낼 수 있

(단위 : %)

1991~2000년	2001~2010년	2011~2020년	2021~2030년	2031~2040년
4.0	4.7	4.3	4.1	4.4

자료: Global Insight (2011).

을 것이다.

인도와의 종교, 정치, 군사적 갈등을 해결하고, 상호 번영의 길로 나아가는 방안을 찾는 것이 파키스탄의 중요한 과제다. 지리적으로는 중동과 인도를 연결하는 요충지에 자리하는데, 인도와 중동 간의 경제관계가 확대되고 있는 상황이어서 인도와의 관계 개선을 통해 공동 번영을 추구할 경우 성장 잠재력이 매우 높다. 따라서 인도 등과의 복잡한 정치외교적 관계가 해결된다면 파키스탄의 성장률은 더욱 높아져서 서남아시아 2위의 경제대국에 등극할 것으로 전망된다.

⑥ MENA: 민주화 사태 이후 주목받는 시장

중동·북아프리카협력기구(MENA)에 속한 20개국[53] 중 1인당 GDP가 1만 달러를 넘는 국가는 총 8개국(바레인, 쿠웨이트, 레바논, 리비아, 오만, 카타르, 사우디아라비아, UAE)이고 그중에서도 UAE와 쿠웨이트는 5만 달러를 웃돈다. IMF는 8개국을 모두 신흥국 또는 개발도상국으로 분류했다. IMF가 선진국과

---

53 알제리, 바레인, 지부티, 이집트, 이란, 이라크, 요르단, 쿠웨이트, 레바논, 리비아, 모리타니아, 모로코, 오만, 카타르, 사우디아라비아, 수단, 시리아, 튀니지, UAE, 예맨.

신흥국을 분류하는 기준은 1인당 GDP, 수출 다변화 수준, 글로벌 금융 시스템과의 연계 정도 등인데, 사우디아라비아 등은 소득수준은 높지만 에너지 수출 비중이 높아 신흥국으로 분류되는 것이다.

이들 국가의 경제 구조는 주요 선진국들과 매우 다른 양상을 보이는데, 인프라 수요 및 고부가가치화 전략 측면에서는 오히려 신흥국과 유사한 성격을 나타낸다. 2010년 기준 GDP 규모가 역내 2위인 이란(4,074억 달러), 4위인 이집트(2,185억 달러), 5위인 알제리(1,578억 달러) 등 다수의 국가들은 1인당 GDP가 낮은 전형적인 개발도상국이다.

재스민 혁명 이후 더욱 확대된 인프라 투자

중동은 한국에게 가장 중요한 인프라 시장이다. 2000년대 한국의 해외건설 수주 가운데 60%가 MENA 시장에서 이루어졌고, 2010년에는 MENA 시장에서 사상 최고치인 472억 달러의 해외건설을 수주했다. 최대 수주 국가는 UAE, 사우디아라비아, 쿠웨이트 순으로 모두 MENA 지역에 위치한다. 2011년 초, 아랍석유투자공사는 2015년이면 중동의 총 전력 생산능력이 2010년 대비 46% 증가하고 향후 5년간 에너지 관련 투자가 4,300억 달러에 달할 것으로 전망하는 등 성장성도 매우 높다.

그러나 2010년 말, 튀니지에서 재스민 혁명이 시작되고 이어 민주화 혁명이 이집트, 리비아, 예멘 등 중동 지역으로 확산되면서 한국 건설업체들이 불안에 빠졌다. 여러 건설 프로젝트가 지

연되고 정부 붕괴로 인해 중단되는 사태까지 벌어졌기 때문이다. 그러나 피해는 비교적 제한적이었던 것으로 보인다. 오히려 중동 정부가 민심 수습을 위해 전력 및 식수 수요에 빠르게 대응했기 때문에 중동 특수가 발생하기도 했다. 예를 들어 2011년 2월, 민심 달래기에 나선 사우디아라비아의 국왕은 정부의 4,000억 달러 인프라 투자계획을 적극 지지했고 370억 달러를 교육 및 사회 인프라 구축에 투자하겠다고 발표했다.

더불어 MENA 국가들은 일자리 창출을 위해 산업 다각화와 고부가가치화를 적극 추진할 것으로 예상된다. 이에 따라 한국 기업들이 비교우위를 지니고 있는 석유화학 및 가스처리 플랜트 시장에서도 기회가 확대될 것이다. 물론 민주화 사태 이후 완전히 안정을 찾기까지는 시간이 걸리겠지만 중동 정부는 인프라 투자에 계속 박차를 가할 것으로 보인다. 2022년에 월드컵이 열릴 카타르는 향후 5년간 약 800억 달러에서 1,000억 달러를 인프라에 투자할 것으로 예상된다.[54]

신성장산업에서의 사업 기회

중동 국가들의 장기 경제개발계획이 꾸준히 추진되면서 신성장산업에서의 사업 기회가 빠르게 확대될 것으로 예상된다. 2010년 말 기준 UAE 국부펀드의 총 자산 규모는 7,090억 달러로 중국에

---

54 "Qatar to spend up to $100bn over next five years" (2011. 9. 21). Construction Week Online.

이어 세계 2위를 차지했는데[55] 이를 통해 신성장산업을 집중적으로 육성하고 있다. UAE를 구성하는 토후국(土侯國) 중 최대 국가인 아부다비는 2007년 경제 다변화를 주요 골자로 한 '아부다비 2030'을 발표했다. 그중에는 2005년과 2007년 사이에 41%를 차지했던 비석유 분야의 비중을 2030년까지 64%로 높이겠다는 목표가 포함되어 있다.

이 목표를 달성하기 위해 아부다비는 첨단산업에 대한 투자를 확대하고 있다. 아부다비의 글로벌파운더리스(GF)는 이에 힘입어 2010년 세계 3위 규모의 반도체 파운더리업체로 성장할 수 있었다. 또한 2030년까지 세계 항공산업의 허브로 부상하기 위해 노력하고 있는데 2010년에는 아부다비의 대표 항공 전문업체인 스트라타(Strata)가 공장을 설립하여 에어버스 등에 부품을 공급하기 시작했다.

중동 국가들은 석유 고갈에 대비하여 대체에너지 개발 및 친환경 산업에도 뛰어들고 있다. UAE의 국부펀드 중 하나인 무바달라 펀드는 150억~300억 달러를 투자하여 세계 최초의 탄소제로 도시인 '마스다르 시티'를 건설 중이다. 2016년 완공을 목표로 하는 마스다르 시티를 시작으로 녹색도시에 대한 관심은 더욱 커질 것으로 보인다. 한국 기업들도 IT 서비스와 스마트 그리드 기술을 녹색도시 건설에 적용하여 진입 기회를 엿볼 수 있을 것이다. 이와 더불어

---

55 Maslakovic, M. (2011). "Sovereign wealth funds". The City UK Research Centre.

다수의 중동 국가들은 지리적으로 일조량과 바람이 많아 향후 태양에너지와 풍력발전기에 대한 수요가 늘어날 것으로 전망된다.

카타르는 자원 중심 발전의 한계를 직시하고 경제 다변화를 위해 교육, 문화, 미디어허브 구축에 투자를 확대하고 있다. 특히 중동의 교육 허브로 자리매김하기 위해 2001년에 수도 도하에서 북동쪽으로 10.5km 거리에 위치한 알-라이안시에 교육도시를 설립했다. 자원부국의 막강한 자금력을 앞세워 유명 대학들을 유치한 결과 현재 조지타운, 텍사스A&M, 런던 칼리지 등 다수의 명문대학 분교가 들어섰다. 또한 세계 최고의 기술을 자랑하는 카타르 과학기술공원과 시드라 의학 리서치센터, 그리고 80여 개의 연구 및 교육기관들이 이곳에 자리하고 있다.

또한 2008년에는 이슬람예술박물관을 개관하는 등 컬처 허브로의 부상을 위해 투자를 강화하고 있으며, 고가의 미술품을 대거 매입하며 세계 미술계의 큰손으로 떠오르고 있다. 2012년 카타르 패션위크, 2022년 월드컵 등 다양한 문화 및 스포츠 국제행사도 개최할 계획이다.

마지막으로 카타르는 중동의 미디어 허브 역할도 하고 있다. 1996년에 설립된 카타르의 위성TV 방송인 알자지라는 중동 내 사건사고를 밀착취재하여 24시간 뉴스를 중동 전역에 내보내고 있고, 최근에는 유명 글로벌 미디어 그룹들과도 관계를 강화하며 강력한 소프트 파워를 발휘하고 있다.

높아진 소비자 신뢰지수와 시장 가능성

민주화 사태가 MENA를 휩쓸고 간 현재, 이 지역에서는 소비자 신뢰지수가 빠르게 회복되고 있다. 정정이 불안했던 2010년 하반기 MENA의 소비자 신뢰지수는 71.6이었으나 2011년 상반기에는 83.4로 크게 높아졌다.[56] 이는 중국을 중심으로 빠르게 성장하고 있는 아시아(61.5)보다 높은 수준이다. 민주화 사태로 인한 정치적 변화가 밝은 미래를 열 것이라는 긍정적인 전망이 소비 확대로 이어지고 있는 것이다. 예를 들어 30년 동안 이집트를 집권한 무바라크 대통령이 2011년 2월에 사임하자 2010년 하반기 47.7이었던 소비자 신뢰지수가 2011년 상반기에는 78.2로 급격히 상승했다. 또한 높은 유가가 지속되면서 산유국들의 소비자들이 지출을 늘리고 있다. 쿠웨이트, 사우디아라비아, 카타르의 소비자 신뢰지수는 90을 상회해 세계에서 가장 높은 수준이다.

인구 구성 또한 매우 희망적이다. 2010년 기준 MENA 지역의 15세에서 24세 사이 인구는 총 8,810만 명으로 전체 인구의 5분의 1에 해당한다.[57] 또한 인구의 절반이 25세 미만으로 아프리카 다음으로 젊은 데다 해마다 인구가 2%에 가까이 증가하고 있다.

MENA 지역의 가장 큰 숙제는 높은 청년 실업률이다. 2009년 기준 MENA 지역의 청년 실업률은 세계 평균보다 2배 정도 높은

---

56 "The Arab Spring Effect: Consumer confidence soars in parts of Middle East and North Africa" (2011. 9. 14). MasterCard Worldwide Press Release.
57 Roudi Farzaneh, F. (2011). "Youth Population and employment in the Middle East and North Africa: Opportunity or challenge?". UN.

24%를 기록했다. 높은 청년 실업률을 비롯한 사회적 불만이 민주화 사태로 이어졌다는 분석도 있다. 중동 국가들의 고부가가치화 전략과 산업 다각화 정책은 중장기적으로 청년 실업률을 낮추는 데 크게 기여할 것으로 보인다. 더불어 MENA 국가들이 민주화 사태를 기점으로 교육을 비롯한 사회 인프라 개선에 적극적인 노력을 기울인다면 오일머니가 풍부하고 젊은 소비자들이 많은 MENA는 중요한 신흥시장으로 부상할 것이다.

3

소비 패턴으로 분류한 넥스트차이나

글로벌 시장조사기관인 유로모니터에 따르면 넥스트차이나 국가의 총 소비시장은 7조 2,793억 달러이며, 전형적인 기초소비 중심의 구조를 보이는 것으로 나타났다. 즉, 식음료, 주거, 교통에 지출하는 비중이 가장 높은 것이다. 그중에서도 식음료에 지출하는 비용이 27.9%로 가장 크며, 주거(16.1%), 교통(11.4%)이 그 다음을 차지했다.

2010년을 기준으로 최근 5년간 가장 많이 증가한 것은 통신비용으로 증가율이 14.7%에 달했다. 반면, 의류·신발, 가사용품·서비스 증가율은 연평균 8%로 가장 낮았다. 2005년 대비 가장 비중이 증가한 항목은 주류·담배, 의료, 교통, 통신, 교육이며, 비중이 감소한 항목은 식음료, 의류·신발, 주거, 가사용품·서비스,

(단위: 백만 달러, %)

	2005년		2010년		연평균 성장률
	금액	비중	금액	비중	
식음료	1,337,798	29.8	2,028,828	27.9	8.6
주류 · 담배	105,308	2.3	202,201	2.8	13.9
의류 · 신발	291,896	6.5	430,283	5.9	8.0
주거	737,823	16.4	1,172,110	16.1	9.6
가사용품 · 서비스	274,096	6.1	403,356	5.5	8.0
의료	235,653	5.2	397,166	5.5	11.0
교통	502,158	11.2	829,557	11.4	10.5
통신	201,185	4.5	400,737	5.5	14.7
여가	172,290	3.8	268,631	3.7	9.2
교육	182,007	4.0	311,034	4.3	11.3
외식 · 숙박	198,268	4.4	298,161	4.1	8.5
기타	808,450	18.0	537,951	7.4	−7.8
합계	4,495,987	100.0	7,279,851	100.0	10.1

자료: Euromonitor

여가, 외식·호텔 등이었다.

소비 패턴을 기준으로 분류한 6개 그룹

이 장에서는 통계청에서 국가별로 발표하고 있는 '소비지출 구조'에 따른 소비 패턴의 유사성을 기준으로 넥스트차이나 시장을 묶어보았다. 단, 브라질, 러시아, 인도 3국은 별도의 단일 시장으로 보아도 좋을 만큼 규모가 크기 때문에 포함시키지 않았다. 이들 국가를 포함해서 군집분석을 할 경우 해석이 왜곡될 가능성이 높기 때문이다.

2007년 가구별 총 지출금액 중 12개 소비지출 분야가 차지하는 비중을 기본으로 하되, 한국 입장에서 중요한 품목인 가전, 자동차, 통신기기, AV·카메라·컴퓨터 등 4개 분야를 추가했고, 그 특성이 이질적이라고 판단되는 수도·광열과 외식 분야도 새로 추가하여 총 18개 항목의 비중을 기준으로 삼았다. 18개 소비지출 항목을 요인분석을 통해 상호 독립적인 7개 요인으로 축약한 후, 요인점수(factor score)를 가지고 군집분석을 실시했다.

그 결과 총 6개의 그룹이 도출되었다. 유럽 3개국(폴란드, 헝가리, 루마니아), 중동 2개국(사우디아라비아, 터키), 아프리카 4개국(이집트, 남아프리카공화국, 나이지리아, 모로코), 중남미 2개국(아르헨티나, 멕시코), 아시아 7개국(인도네시아, 태국, 말레이시아, 베트남, 파키스탄, 우크라이나, 카자흐스탄) 등 총 18개국, 6개 국가군이다. 대부분 지리적 근접성이 반영되었으나, 초경계(cross-boundary)적 성격을 지닌 국가군도 존재한다. 가령 인도네시아는 아시아 국가임에도 루마니아 국가군에 포함되었으며, 지리적으로 거리가 먼 말레이시아와 터키가 동일 국가군으로 묶였다. 이들의 소비 패턴과 그 특징을 그룹별로 살펴보자.

● **소비 패턴으로 분류한 넥스트차이나 국가군** (단위: 억 명)

그룹 1 (4.7)	그룹 2 (3.2)	그룹 3 (1.6)	그룹 4 (1.4)	그룹 5 (1.0)	그룹 6 (0.7)
파키스탄 (1.6)	인도네시아 (2.3)	베트남 (0.9)	멕시코 (1.1)	터키 (0.7)	우크라이나 (0.5)
나이지리아 (1.5)	폴란드 (0.4)	태국 (0.7)	아르헨티나 (0.4)	말레이시아 (0.3)	사우디아라비아 (0.2)
이집트 (0.8)	루마니아 (0.2)				
남아공 (0.5)	카자흐스탄 (0.2)				
모로코 (0.3)	헝가리 (0.1)				

주: 괄호 안은 인구 수.
자료: Euromonitor

❶ **그룹 1: 높은 기초생활비 비중**

이 그룹에 속한 국가는 파키스탄과 아프리카 4개국(나이지리아, 이집트, 남아공, 모로코)이다. 문화적으로는 이슬람이 주도하고 있으며, 인구 4억 7,000만 명의 거대한 소비시장이다. 인구 구조는 다산다사(多産多死)형으로 인구 성장률이 높은 편이다. 파키스탄 2.2%, 나이지리아 2.2%, 이집트 1.8%, 남아프리카공화국 1.0%, 모로코 1.2% 순이다. 교육 수준은 그다지 높지 않으며 여성의 활동이 자유롭지 않고 교육의 기회도 대부분 남성에게만 주어진다. 국가경제에서 농업이 차지하는 비중이 높으며, IT 인프라와 첨단기술의 산업 기반이 약한 편이다.

소비지출 구조의 특성은 식음료, 주거, 보건의료 등 기초생활비 비중이 높은 반면, AV · 카메라 · 컴퓨터, 통신기기, 자동차, 여가 · 오락, 외식 등의 소비는 낮은 것으로 나타났다. 식음료 비중이 높은 것은 이슬람교도들이 식품 소비를 많이 하기 때문이다. 또한 주택 공급이 부족하여 신식 주택으로 교체하는 데에도 많은 비용을 지출하는 것으로 나타났다.

2015년까지 통신, 의료, 서비스(금융, 미용, 숙박), 여가 및 사치품(보석, 시계, 가방, 화장품) 소비가 크게 증가할 전망이다. 특히 보건의료 부문의 증가세가 눈에 떠는데 이는 1995년 대비 2007년 의료 서비스 산업 규모가 1.7배 증가한 이집트와, 중산층이 의료 부문에 지출을 크게 늘리고 있는 남아프리카공화국의 최근 추세가 반영된 결과다. 모로코도 건강에 대한 관심이 높으며, 정부 역시 사회 문제가 되고 있는 영아 비만과 당뇨병 확산에 주도적으로 대응하

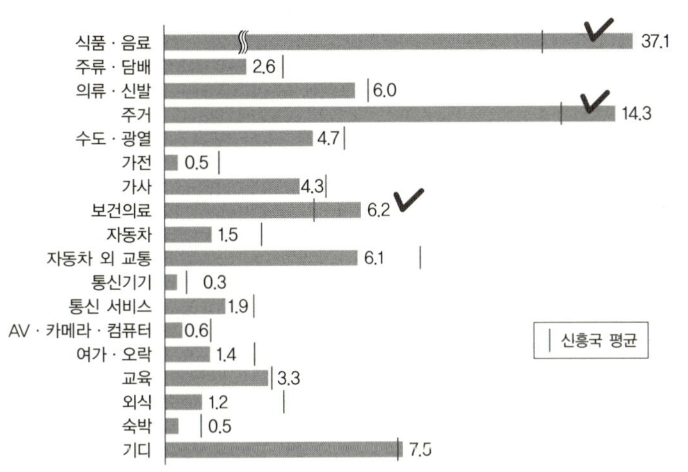

현재 평균 이하 → 향후 승가 예상	현재 평균 이상 → 향후 승가 예상
양념, 허브, 소스 (2.4% → 2.6%)	주택 유지보수 (2.3% → 2.8%)
전기, 가스, 연료 (3.3% ﹥ 3.5%)	보건의료 (6.2% ﹥ 6.9%)
약품, 영양제, 안경 (1.8% → 2%)	• 통원의료 서비스 (2.6% → 3%)
자동차 유리관리 (2.1% → 2.3%)	• 입원의료 서비스 (1.8% → 2%)
통신 (2.2% → 2.4%)	우편 서비스 (0.3% → 0.4%)
여행 (0.1% → 0.12%)	화장품, 위생용품 (2.1% → 2.3%)
숙박 (0.45% → 0.48%)	보석, 시계, 가방 (1.3% → 1.5%)
금융 수수료 (0.7% → 0.8%)	보험 수수료 (2% → 2.1%)

자료: Euromonitor (2010)

는 중이다. 입원의료 서비스 부문은 2000년에서 2007년 사이에 109%나 성장했다. 파키스탄도 자녀들에 대한 책임을 다하기 위해 보건의료에 대한 지출을 늘리는 것으로 나타났다.

② 그룹 2: 비싼 공공요금

이 그룹에는 동유럽 국가(폴란드, 루마니아, 헝가리)와 아시아 자원부국(인도네시아, 카자흐스탄)이 포함된다. 인구는 총 3억 1,000만 명이며 평균 가구원 수는 3명으로 넥스트차이나 국가의 평균인 4.1명보다 적다. 인구 증가율은 낮고 위생 상태나 정보 인프라 수준은 높은 편이다. GDP에서 농업이 차지하는 비중이 낮은 대신 서비스산업이 차지하는 비중이 높다.

총 소비지출 중 술·담배, 여가·오락, 수도·광열비 비중이 상당히 높은데 이는 공급 부족과 낙후된 인프라에서 원인을 찾을 수 있다. 루마니아는 유럽에서 전기와 가스요금이 가장 비싸기로 유명하다. 인도네시아 역시 전기요금이 비싸고 가스·수도에 지출하는 비용이 크다. 날씨가 추운 카자흐스탄도 전기·난방비 지출 비중이 높으며, 헝가리도 관련산업의 민영화로 에너지 가격이 2008년 대비 40%나 상승했다. 보건의료나 교육에 지출하는 비중은 매우 낮은 것으로 나타났다.

2015년까지 통신, 교육 분야의 소비는 증가하고, 기호식품(커피, 술, 담배) 소비는 감소할 것으로 전망된다. 교육에 대한 지출도 늘어날 것으로 예상되는데, 이는 '남보다 나은 삶'을 추구하려는 욕구와 관련이 있다. 특히 인도네시아에서는 취업 경쟁이 치열해지면서 좋은 직업을 구하려면 교육을 많이 받아야 한다고 생각하는 사람들이 늘어났다. 이로 인해 2000년에서 2007년 사이에 이 부문의 지출이 3배 이상 증가했다. 카자흐스탄의 경우 공공교육에 대한 반감 때문에 사교육 시장이 급성장하여 사립대학교는 물론

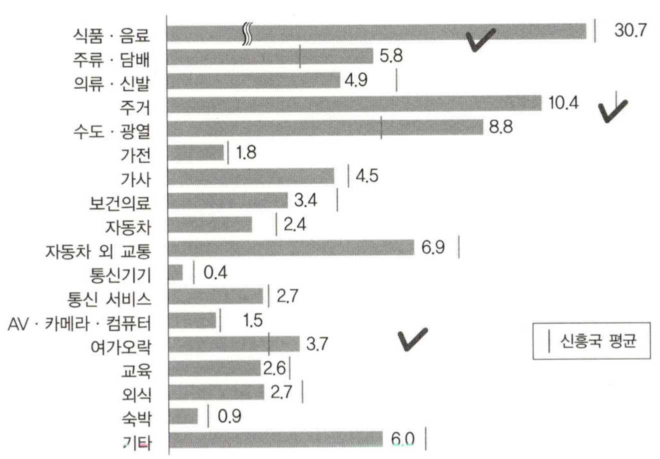

현재 평균 이하 → 향후 증가 예상	현재 평균 이상 → 향후 감소 예상
우편 서비스 (0.2% → 0.4%)	커피, 차, 코코아 (1.1% → 0.9%)
통신기기 (0.1% → 0.6%)	술 · 담배 (5.8% → 3.9%)
교육 (2.6% → 3.5%)	• 술 (2.8% → 1.9%)
	• 고도수 술 (0.9% → 0.8%)
현재 평균 이상 → 향후 증가 예상	• 포도주 (0.8% → 0.5%)
AV · 카메라 · 컴퓨터 (1.5% → 2.1%)	• 맥주 (1.1% → 0.7%)
	• 담배 (3% → 1.9%)
	주택 유지보수 (1.9% → 1.2%)

자료: Euromonitor (2010)

비즈니스, IT, 언어 부문의 교육기관이 늘어나고 있다. 향후 휴대
폰, TV를 비롯해 비알코올성 음료, 교육 서비스 및 전기·가스, 차
세대 이동통신과 같은 인프라 시장이 유망할 것으로 예상된다.

❸ 그룹 3: 활발한 인적·물적 교류

이 그룹에 속한 베트남과 태국은 인구 규모(베트남 8,500만 명, 태국 6,700만 명)나 지정학적 위치(동남아시아), 문화권(불교) 등은 유사하지만 공산독재와 입헌군주제라는 정치적 차이로 인해 GDP가 3배 이상 차이 난다. 모두 비옥한 토지와 풍부한 천연자원, 그리고 노동력을 보유하고 있어 농업을 기반으로 공업이 발달한 산업 구조를 보인다.

도시 인구 비율은 30% 미만으로 신흥국 중 가장 낮은 편이며 다국적기업의 현지 공장을 통한 제3국 수출 및 관광산업이 발달하여 인적, 물적 교류가 많은 것이 특징이다. 이를 반영하듯 외국인들의 소비지출이 상당하여 교통, 외식, 숙박 관련 지출 비중이 높다. 베트남의 경우 2000년에서 2007년 사이에 외국인 관광객이 66.4%나 증가했으며 2007년의 호텔 수도 전년보다 48.6% 늘어났다.

2015년까지 여가·오락, 통신 및 금융 서비스 등 현재 지출 비중이 낮은 부문의 투자가 확대될 것으로 보이며, GDP가 늘어날수록 즐기는 '라이프 스타일'의 확산이 예상된다. 1995년 1인당 68.8달러였던 태국의 여가·오락 부문 지출은 2007년 2배 가까이 증가하여 138.8달러를 기록했다. 정서적으로 은행보다 지인에게 돈을 빌리는 데 익숙하지만, 젊은 소비자들 사이에서 은행 거래 선호 현상이 나타나기 시작했고, 빈번한 자연재해와 테러로 인해 보험 니즈도 증가하여 금융 서비스 부문에 대한 지출이 늘어날 것으로 예상된다. 태국은 아직까지 금융 서비스 시장이 취약한

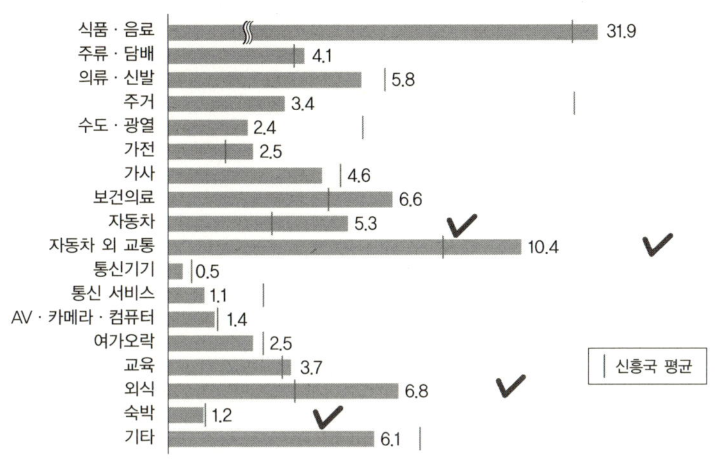

현재 평균 이하 → 향후 증가 예상	현재 평균 이상 → 향후 증가 예상
커피, 차, 코코아 (0.36% → 0.39%)	비알코올성 음료 (3.2% → 3.5%)
전기, 가스, 연료 (2.2% → 6.1%)	생수, 소프트드링크, 수스 (2.8% → 3.1%)
• 수도 · 광열 (2.4% → 7.4%)	여가오락 (3.9% → 7.3%)
통신 (1.5% → 2.9%)	• AV · 카메라 · 컴퓨터 (1.4% → 2.2%)
• 통신 서비스 (0.9% → 2.3%)	• 자가용, 항공기, 말, 악기 (0.6% → 0.7%)
• 통신기기 외 통신 관련 (1.1% → 2.6%)	금융 수수료 (3.1% → 6.9%)
스포츠, 공연, 전시, 영화 (0.9% → 2.5%)	
신문, 잡지, 서적, 문구 (0.7% → 1.2%)	
여행 (0.2% → 0.5%)	
AV 외 여가 · 오락 (2.5% → 5.1%)	
보석, 시계, 가방 (0.8% → 1.3%)	
법률, 부동산, 경호 서비스 (0.2% → 1.1%)	

자료: Euromonitor (2010)

편이나 1995년에서 2007년 사이에 이 부문이 400% 이상 성장한 것을 감안할 때 향후에도 증가세가 계속될 것으로 보인다.

④ 그룹 4: 즐기는 소비문화

그룹 4에 속하는 멕시코와 아르헨티나는 인구 규모는 2배 이상, 경제 규모는 3배 이상 차이 나지만, 모두 농업과 공업 비중이 낮고 서비스업이 발달했다. 두 나라의 도시 인구 비율은 80%에 근접하며 상하수도 보급률 역시 90%에 육박할 정도로 생활 인프라가 잘 형성되어 있다.

소비지출 구조는 중남미 특유의 '즐기는 라이프 스타일'이 반영되어 교통, 여가·오락, 외식, 숙박 등의 지출 비중이 높다. 소비 수준의 향상과 함께 넓은 국토를 '이동'하고자 하는 욕구가 증가한 결과다. 멕시코의 자동차 구입 지출은 2000년에서 2007년 사이에 32.1%나 증가했으며 교통 관련 비용도 급격히 증가했다. 아르헨티나의 경우 비행망은 잘 정비되어 있으나 철도망이 미비해서 소비자들은 장거리 이동시 버스와 항공을 이용하고 있다. 정상적인 도로망이 25%에 불과해 정부 주도로 도로정비사업이 전개되고 있다.

또한 관광지, 각종 문화·스포츠 이벤트가 발달하여 지출에서 차지하는 비중이 높다. 아르헨티나가 매년 개최하는 남미 최대 페스티벌인 '부에노스아이레스 국제도서전(The Buenos Aires International Book Fair)'은 2006년 단 3주 만에 1,300만 명의 관광객을 끌어들였고 2010년에는 칠레와 함께 다카르 랠리(Dakar rally)[58]를

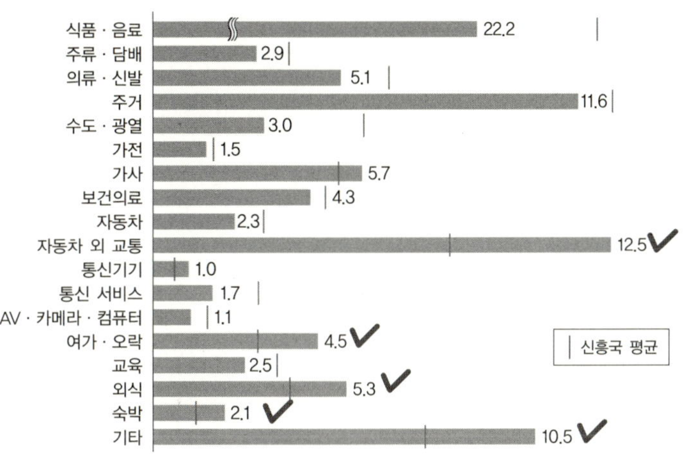

현재 평균 이하 → 향후 증가 예상	현재 평균 이상 → 향후 증가 예상
해산물 (0.51% → 0.54%)	통원의료 서비스 (1.7% → 1.8%)
전기, 가스, 연료 (2.2% → 2.3%)	자동차 구입 외 교통 관련 (12.5% → 13.2%)
가정 공구 (0.37% → 0.4%)	통신기기 (1% → 1.2%)
통신 (2.6% → 3%)	보험 수수료 (3.2% → 3.4%)
• 우편 서비스 (0.11% → 0.12%)	
• 통신기기 외 통신 관련 (1.7% → 2.9%)	
간호, 케어 서비스 (0.27% → 0.3%)	

자료: Euromonitor (2010)

공동 개최하기도 했다. 최근에는 통신 관련 소비지출이 빠르게 증가하는 추세다.

---

58 사하라 사막을 횡단하는 자동차 경주로, 죽음의 랠리라 불릴 만큼 위험하다. 출발지와 경유지, 도착 지가 조금씩 바뀌면서 대회 명칭이 약간씩 변화가 있지만 사하라 사막은 빠짐없이 포함되어 지옥의 랠리라는 악명을 얻고 있다.

2015년까지 통신 관련 지출의 증가는 계속될 것으로 예상되며 도로 인프라가 개선되면 자동차 수요의 급증도 전망된다. 멕시코는 2000년에서 2007년 사이에 통신 관련 소비지출이 42% 증가하는 등 빠르게 현대화되고 있으며 특히 통신장비 부문은 78%라는 경이적인 성장률을 기록했다. 멕시코 정부가 케이블TV, 위성TV, 인터넷과 모바일통신 서비스를 탈중앙화, 개인화하여 가격 경쟁을 유도하고 있기 때문에 이 부문의 비중은 앞으로도 계속 높아질 전망이다. 늘어나는 에너지 소비에 비해 생산과 공급이 부족한 아르헨티나에서는 에너지 절약상품의 수요 증가가 예상된다.

⑤ 그룹 5: 이슬람식 라이프 스타일

그룹 5에 속한 터키와 말레이시아는 국민 대다수가 이슬람교도이며 도시화 수준이 높고 IT 인프라가 잘 갖춰진 국가들이다. 유럽식 이슬람과 아시아식 이슬람 소비문화가 공존하는 인구 1억의 시장이다.

이슬람식 라이프 스타일은 소비생활에도 큰 영향을 미쳐 주거, 교통, 통신 서비스, 외식 등의 비중이 높고, 의류·신발, 보건의료, 숙박 비중은 낮은 것으로 파악되었다. 터키의 경우 이스탄불을 중심으로 유럽의 대도시에 육박할 만큼 주택 임차비 수준이 높다. 말레이시아 역시 급속한 도시화로 인구가 유입되면서 주거 관련 지출 비중이 높아져 2000년에서 2007년 사이에 117%나 상승했다. 빠른 도시화와 지방 교류 증가, 젊은 세대의 대두가 전반

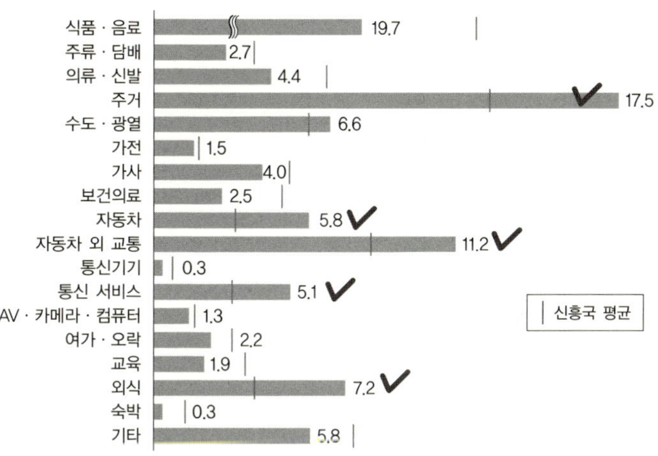

현재 평균 이하 → 향후 증가 예상	현재 평균 이상 → 향후 증가 예상
생수, 소프트드링크, 주스 (1% → 1.1%)	커튼, 침구 (0.56% → 0.64%)
보건의료 (2.5% → 2.8%)	교통 (17.1% → 18.8%)
• 통원의료 서비스 (1.2% → 1.4%)	• 자동차 (5.8% → 7%)
• 입원의료 서비스 (0.4% → 0.5%)	통신 (5.4% → 6.2%)
우편 서비스 (0.02% → 0.04%)	• 통신 서비스 (5.1% → 5.9%)
통신기기 (0.3% → 0.32%)	• 통신기기 외 통신 관련 (5.1% → 6.1%)
숙박 (0.3% → 0.4%)	
간호, 케어 서비스 (0.02% → 0.09%)	
금융 수수료 (0.17% → 0.21%)	

자료: Euromonitor (2010)

적인 소득수준 향상과 결부되면서 여행과 이동에 대한 소비 욕구를 자극하고 있다. 2007년 말레이시아의 교통 관련 소비지출은 1995년에 비해 170%나 증가했고 그중 철도가 2,490%라는 엄청난 증가세를 보였다. 도시를 중심으로 한 통신 인프라가 확충되면서 통신 서비스에 지출하는 비용도 비약적으로 증가했다. 2007년 말레이시아의 통신 지출비는 1995년 대비 433% 증가했다.

교통, 통신 비중은 2015년까지 빠른 증가세가 계속될 것으로 예상되며 보건의료 부문의 지출도 빠르게 증가하는 추세다. 또 30세 미만의 젊은 세대를 중심으로 IT 활용능력이 높아지고 가처분소득이 늘어나면서 인터넷 확산과 인터넷상거래의 증가가 예상된다. 터키의 경우 2002년 정부의 주도로 '보건변화 프로젝트 (Health Transformation Project)'를 시작하여 보건의료시설을 현대화하고 약품 가격을 낮추는 중이다.

❻ 그룹 6: 패션의 메카

그룹 6에는 우크라이나와 사우디 아라비아가 속한다. 우크라이나는 구소련의 곡창과 천연자원을 통해, 사우디아라비아는 석유 자원을 통해 발전했으나 현재 양국은 모두 편중된 산업 구조를 보완할 새로운 성장동력을 모색 중이다.

소비지출의 가장 큰 특징은 의류와 신발에 대한 지출 비중이 매우 높다는 점이다. 우크라이나 사람들은 상품 선택권이 적었던 구소련 시절에도 최신 패션을 선호하는 성향이 강했으며 여성은 물론 남성도 색상과 스타일, 소재를 중시하는 것으로 알려져 있다. 소득수준이 향상되면서부터는 상류층 소비자들을 중심으로 저가 의류 대신 믿을 만한 서구 브랜드를 찾기 시작했다. 사우디 아라비아의 경우 내국인들 외에도 하지(Haji)와 움라(Umrah) 등 성

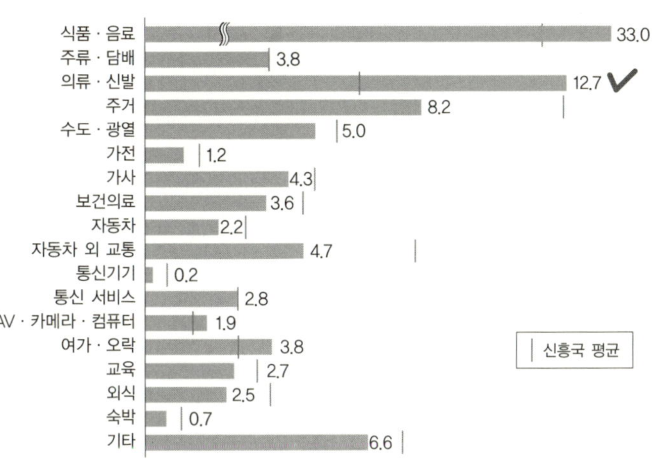

현재 평균 이하 → 향후 증가 예상	현재 평균 이상 → 향후 증가 예상
가사 (5.5% → 6.1%)	비알코올성 음료 (4.6% → 4.9%)
• 커튼, 침구 (0.5% → 0.6%)	· 생수, 소프트드링그, 주스 (3.7% → 3.9%)
• 가정 소모품, 가사 서비스 (1.4% → 1.5%)	의류 (10.2% → 10.8%)
통신 (3.1% → 3.4%)	통신기기 외 통신 관련 (2.8% → 3.1%)
• 통신기기 (0.2% → 0.3%)	AV · 카메라 · 컴퓨터 (1.9% → 2%)
• 통신 서비스 (2.5% → 2.8%)	스포츠, 공연, 전시, 영화 관람 (2% → 2.2%)
교육 (2.7% → 3.1%)	
외식, 숙박 (3.1% → 3.6%)	
• 외식 (2.5% → 2.8%)	
• 숙박 (0.7% → 0.8%)	
법률, 부동산, 경호 서비스 (0.38% → 0.44%)	

자료: Euromonitor (2010)

지순례를 위해 메카에 방문한 이슬람교도들이 의류 매출에 기여하고 있다. 젊은 층을 제외한 대다수의 여성은 외출시 몸을 감싸는 검은 천과 베일을 착용해야 하기 때문에 의류 소비는 남성을 중심으로 확대되고 있다.

2015년까지 여가·오락, 교육, 외식, 숙박 부문의 소비지출이 계속 증가할 것으로 예상되며 인구의 60% 이상이 25세 이하인 사우디아라비에서는 여가산업이 더욱 발달할 전망이다. 앞으로도 많은 기업들이 '젊은 세대(Young Bubble)'를 잡기 위해 이 분야 시장의 문을 두드릴 것이다. 특히 젊은 층을 중심으로 확대되는 서구식 패션 추종 경향과 쇼핑몰의 확대는 기업들의 진출을 더욱 가속화하고 있다.

4 | 국경을 초월한 소비 특성으로 분석한 넥스트차이나

❶ 인구: 20대 이하 인구가 압도적인 젊은 시장

시장 특성을 파악할 때 가장 중요하게 여기는 변수는 인구다. 인구는 곧 시장 규모이기 때문이다. 따라서 연령별·성별 분포는 시장을 접근할 때 가장 기본적으로 파악해야 할 요소다.

넥스트차이나 국가의 인구 구성에서 가장 두드러지는 특징은 젊은 층이 많다는 점이다. 수치로는 청년층(0~20대)이 56%, 중·장년층(30~50대)이 34%, 고령층(60대 이상)이 8%로 나타났으며, 10대 이하가 19.5%(6억 1,000만 명)로 가장 비중이 높다. 다음으로는 10대가 19.1%, 20대가 17.9%로, 전형적인 피라미드 형태를 띠고 있다.

이러한 인구 구조는 향후 10년간 비슷하게 유지될 전망이다. 물론 2020년에 이르면 넥스트차이나 국가들도 출산율이 감소하고 고령화 조짐을 보이겠지만 선진국과 비교하면 아직은 젊은 시장이라 하겠다.

10대, 선진국보다 5배 큰 시장

인구 구조와 라이프 스테이지를 분석해본 결과, 가장 유망한 소비집단은 10대로 나타났다. 2010년, 넥스트차이나 국가의 10대 총 인구는 6억 명으로 OECD 선진국의 약 5배 규모다. 개별 국가로는 인도의 10대 인구가 2억 4,000만 명으로 가장 많다. 그 외에도 10대 인구가 1,000만 명이 넘는 국가는 인도, 브라질, 러시아, 인도네시아 등의 신흥대국을 비롯하여, 파키스탄, 방글라데시, 베트남, 터키, 이란, 미얀마, 나이지리아, 이집트, 남아프리카공

● **2010년 넥스트차이나 29개국의 인구 현황** (단위: 천 명, %)

연령	2010년		2020년	
	인구 수	비중	인구 수	비중
0~9세	615,307	19.5	640,954	17.6
10~19세	**601,462**	19.1	624,671	17.2
20~29세	566,725	17.9	607,455	16.7
30~39세	457,059	14.5	566,079	15.6
40~49세	362,326	11.5	448,052	12.3
50~59세	274,273	8.7	344,626	9.5
60~69세	155,922	4.9	241,776	6.7
70~79세	91,373	2.9	113,744	3.1
80세 이상	32,796	1.0	47,101	1.3
계	3,157,243	100	3,634,458	100

자료: Euromonitor

화국, 멕시코까지 총 14개국에 이른다.

신흥국의 10대는 수적으로뿐 아니라 질적으로도 성장하고 있다. 경제가 빠르게 발전하고 부모의 가처분소득이 증가하면서 개별 소비력이 커진 것이다. 또한 선진국에서처럼 가구 소비에서 10대 자녀가 미치는 영향력이 갈수록 확대되고 있다. 실제로 2008년 닐슨(Neilson) 미디어리서치의 소비자 행동 조사에 의하면 10대를 통해 습득한 정보가 가정 내 제품의 구매 결정에 많은 영향을 미치는 것으로 나타났다.

동류성과 유사성

지역과 국가를 막론하고 넥스트차이나의 10대들은 유사한 소비 특성을 보인다. 이들은 영화, 음악, 스포츠, 패션 등의 미디어 매체와 인터넷, 모바일 인프라가 확충된 환경에서 성장했기 때문에 네트워크를 통해 동일한 콘텐츠를 즐기고 의견을 교환하는 것에 익숙하다.

유로모니터의 조사결과에 의하면, 10대들은 문화적, 지리적인 요인보다 온라인 매체에 더 많은 영향을 받으며, 직접 만나서 이야기하거나(74%), 전화통화(59%)를 하는 것보다 인스턴트 메시지(76%)를 선호하고, 온라인상에서 만난 친구를 실제 친구만큼 중요하게 생각하는 것으로 나타났다(64%).

또한 월마트, 까르푸, 테스코 등 글로벌 유통기업이 전파하는 서구문화의 영향을 많이 받으며 아마존, 이베이와 같은 온라인 쇼핑 채널을 통해서도 글로벌 상품을 쉽게 구매한다. 결국 이들

● 글로벌 유통기업의 신흥국 진출 현황 (단위: 개)

	남미				아시아					유럽				중동 및 아프리카		
	아르헨티나	브라질	칠레	멕시코	중국	인도	인도네시아	말레이시아	태국	폴란드	루마니아	터키	헝가리	사우디아라비아	이집트	UAE
월마트	44	438	254	1,479	284	1										
까르푸	589	536			456		73	16	31	330	41	760		9	4	13
테스코					70			29	571	319		96	149			

주: 월마트 2010년 4월 기준, 까르푸와 테스코는 2009년 기준.
자료: 각사 홈페이지

은 글로벌 스포츠, 식품, 의류 브랜드를 통해 서구식 라이프 스타일과 트렌드를 경험하고 직접 소비하는 세대다.

이런 특징을 간파한 코카콜라는 10대를 효과적으로 공략하기 위해 TV나 잡지를 통해 메시지를 전달하기보다는, 유튜브, 페이스북에서의 쌍방향 커뮤니케이션에 힘쓰고 있다. 특히 마케팅 활동의 경우 '소통'에 중점을 두어 청소년들을 코카콜라 팬으로 만들어가고 있다.

나이보다 성숙한 소비 패턴

신흥국 10대들은 '애어른(KGOY, Kids Getting Older Younger)'으로 지칭된다. 전통적인 청소년용품을 거부하고 인터넷이나 가젯(gadget, 특이한 전자제품을 통칭하는 말), 패션 액세서리에 관심이 높기 때문이다. 또한 자신의 정체성과 이미지를 연출하기 위해 남녀를 막론하고 화장품, 향수, 스프레이 등을 소비한다. 맞벌이 부모가 많아 일정한 금액으로 자유롭게 개성을 표현할 기회가 많다는 점도 성숙한 소비 스타일을 부추기는 요인이다.

P&G는 성장 속도가 빨라진 청소년들을 타깃으로, 사춘기 소녀의 고민상담소 '비잉걸닷컴(beinggirl.com)'을 운영하여 뷰티, 보디, 마인드 관련 상품 정보를 제공한 뒤 이를 판매로 연결시키고 있다.

20대, 2020년까지 꾸준히 성장하는 시장

두 번째로 주목해야 할 소비 집단은 20대다. 2010년 현재 넥스트차이나 국가의 20대 인구는 총 5억 7,000만 명으로 OECD 국가의 1억 6,600만 명에 비해 3배나 많다. 2020년에 이르면 6억 600만 명까지 늘어날 것으로 예상된다. 물론, 신흥국에서도 젊은 층의 인구 증가세는 주춤하는 추세다. 중동 및 아프리카의 경우 1990년에서 2000년 사이에 평균 3.3%였던 증가율이 2006년에서 2011년 사이에 2%로 떨어졌다. 그러나 기존의 인구 규모가 워낙 크기 때문에 성장률 둔화는 당분간 큰 영향을 미치지 않을 것으로 보인다.

높은 직장인 비율

절대적인 임금 수준은 높다고 할 수 없지만, 넥스트차이나의 20대들은 비교적 취업률이 높은 편이다. 유로모니터의 조사에 의하면 2011년 1월 현재 스페인의 청년 실업률이 43.1%인 데 비해 이집트의 청년 실업률은 20.3%로 나타났다. 넥스트차이나의 20대들은 비교적 이른 시기에 사회에 진출하고 있으며 중장기적으로는 경제성장과 더불어 소비와 고용 여건이 낙관적인 편이다.

결혼 적령기 집단

경제성장과 함께 확대되는 혼수시장도 매력적인 소비시장이다. 유로모니터의 조사에 따르면 넥스트차이나 국가의 평균 결혼연령은 남자 27.5세, 여자 24.2세로, OECD 국가의 평균인 남자 33세, 여자 30.2세보다 낮은 것으로 나타났다. 결혼을 준비하는 과정에서 집중적인 소비가 일어나며 라이프 스타일이 서구화되면서 가구, 가전, 주택 등의 소비 패턴도 전 세계적으로 동질화되고 있다.

증가하는 대학생

대학생 수는 2005년 6,600만 명에서 2009년 8,200만 명으로 늘어났다. 20대 중 대학생이 차지하는 비율은 15.9%로 OECD 국가의 평균치(25%)보다는 낮은 편이다. 하지만 현재의 소비 트렌드를 주도하고, 미래에 상위 계층으로 변신할 가능성이 높은 집단이므로 미리 집중 공략할 필요가 있다.

사회·정치의 중심

인터넷과 소셜미디어가 크게 확산되면서 20대가 사회적·정치적 중심으로 떠오르고 있다. 2005년부터 2010년까지 선진국의 인터넷 사용자 증가율은 4.8%에 그쳤지만 넥스트차이나 국가의 증가율은 23.3%로 매우 높았다. 또한 2020년까지 아시아 신흥시장에서는 11억 명, 중동 및 아프리카에서는 271만 명의 사용자가 증가할 것으로 예상된다. 정보를 획득하고 생각을 퍼뜨리며 사람들과 연결되는 빈도도 매우 높아졌고, 이를 통해 선진국의 정치운동이나 조직과 연계되는 경향도 두드러지고 있다. 최근 발생한 중동과 북아프리카의 민주화 사태도 20대에 의해 주도되었고, 이로인해 해당 정부도 전 세계의 주목을 받았다.

결론

10대와 20대는 향후 소비 트렌드를 주도할 세력으로, 넥스트차이나 국가에 접근할 때 반드시 주목해야 할 시장이다. 사전에 브랜드를 확실히 인지시켜 두면 유리한 입장에서 시장을 공략할수 있다. 특히 유튜브, 페이스북과 같은 소셜미디어 매체가 확산되면서 신흥국의 10대와 20대의 소비 패턴도 글로벌 동조화 현상을 보인다는 점을 기억하고 그에 걸맞은 진출전략을 세울 필요가 있다.

❷ 소득: 2%의 부유층, 70%의 저소득층

두 번째로 염두에 두어야 할 것은 소득 특성에 따른 접근이다. 2005년 미시간 대학의 C. K. 프라할라드(Prahalad) 교수는 《저소득층 시장을 공략하라(The Fortune at the Bottom of the Pyramid)》라는 책을 통해 전 세계 인구의 3분의 2를 차지하는 저소득층 40억 명의 소비 집단으로서의 가능성에 대해 언급했다. 그 이후 많은 기업들 사이에서는 "넥스트차이나 국가의 저소득층으로 눈길을 돌려라"라는 말이 회자되었다. 그런데 한국기업의 입장에서 볼 때 저소득층은 거대하다는 것 외에 그다지 매력 있는 시장이 아니다. 물론 10년 후쯤 되면 이들이 중산층으로 떠오르겠지만, 이들을 위해 상품을 기획하고 판매하기에는 당장의 위험 요소가 너무 커 보인다. 이런 의미에서 2015년까지 어떤 소득계층을 대상으로 마케팅을 해야 하는지 냉철하게 살펴볼 필요가 있다.

넥스트차이나 국가의 소득 구성에서 가장 눈에 띄는 특징은 부유층은 적고 저소득층은 매우 두텁다는 것이다. 1인당 GDP가 2만 달러 이상인 부유층이 4,600만 명으로 2.3%를 차지하며, 2,500달러에서 2만 달러 사이인 중산층이 5억 5,200만 명으로 27.9%를, 2,500달러 이하인 저소득층이 13억 9,000만 명으로 69.9%를 차지한다.

한편 넥스트차이나 국가 중 1인당 국민소득이 1만 달러 이상인 국가는 총 15개국이다. 소득별로는 중동의 맹주 UAE가 3만 8,000달

● **2009년 넥스트차이나 국가의 1인당 GDP 현황**

(단위: 달러)

1	UAE	38,238	11	터키	12,339	21	인도네시아	4,149
2	사우디아라비아	23,387	12	루마니아	11,755	22	이라크	3,587
3	헝가리	18,547	13	카자흐스탄	11,369	23	인도	2,932
4	폴란드	17,989	14	이란	11,201	24	베트남	2,932
5	러시아	15,039	15	브라질	10,455	25	우즈베키스탄	2,805
6	칠레	14,299	16	남아프리카공화국	9,961	26	파키스탄	2,670
7	아르헨티나	14,125	17	태국	7,998	27	나이지리아	2,199
8	레바논	13,951	18	우크라이나	6,460	28	방글라데시	1,470
9	말레이시아	13,551	19	이집트	6,147	29	미얀마	1,199
10	멕시코	13,541	20	모로코	4,587			

주: PPP 기준.
자료: IMF

넥 스 트 차 이 나

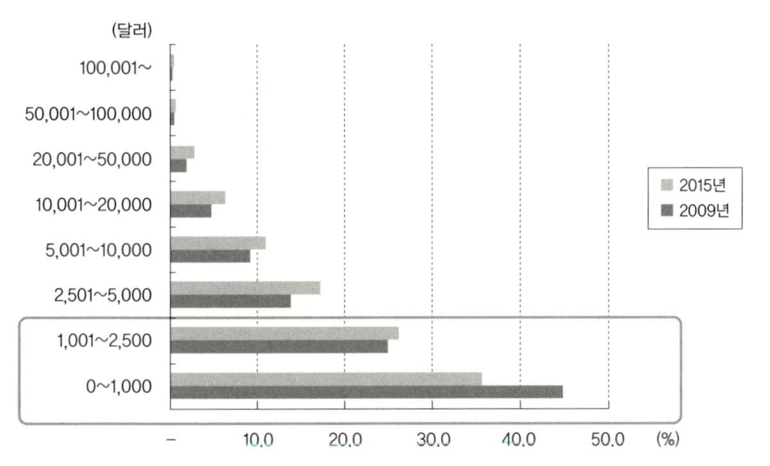

자료: Euromonitor (2010)

러로 가장 높고 미얀마가 1,199달러로 가장 낮다. 3,500달러 이하
의 저소득 국가는 인도, 베트남, 우즈베키스탄, 파키스탄, 나이지
리아, 방글라데시, 미얀마 등 모두 일곱 나라다.

● 넥스트차이나 국가의 소득분포 현황

(단위: 달러, 천 명, %)

소득	2009년		2015년	
	인구 수	비중	인구 수	비중
0~1,000	891,986	44.9	779,659	35.7
1,001~2,500	495,942	25.0	571,475	26.2
2,501~5,000	275,902	13.8	376,362	17.2
5,001~10,000	184,272	9.3	239,163	11.0
10,001~20,000	92,649	4.7	137,266	6.3
20,001~50,000	34,852	1.8	59,016	2.7
50,001~100,000	6,805	0.3	12,510	0.6
100,001 이상	4,210	0.2	7,257	0.3
계	1,986,618	100	2,182,708	100

앞으로 5년 동안은 약간의 변화가 있을 것으로 예상되는데, 1인당 GDP 1,000달러 이하의 극빈층이 45%에서 36%로 줄고, 대신 중산층이 28%에서 35%로 늘어날 것으로 전망된다. 특히, 2만 달러 이상의 부유층은 2009년 현재 4,600만 명에서 2015년 7,900만 명으로 1.7배 정도 늘어날 것이다.

부유층, 상위 10%를 공략하라

소득을 기준으로 봤을 때 넥스트차이나 시장에서 가장 주목해야 할 계층은 부유층이다. 미국의 연방준비제도이사회(FRB)에 의하면, 부유층은 연 소득 10만 달러 이상, 순자산 상위 10%인 가구를 지칭한다. 넥스트차이나 국가의 부유층은 연 소득 2만 달러 이상인 부유층과 10만 달러 이상인 최상위 부유층으로 구분된다.

부유층에 주목해야 하는 이유는 다음 네 가지다. 첫째, 그 수가 매우 빠르게 증가하고 있다. 2009년 4,600만 명이던 부유층이 2015년에 이르면 7, 900만 명에 달할 전망이다. 둘째, 이들은 트렌드세터(trend-setter) 역할을 하면서 자신들의 소비성향을 다른 계층으로 확산시킨다. 셋째, 상품 가치를 검증받을 수 있는 테스트 마켓이다. 부유층에게 인정받은 상품이나 브랜드는 다양한 확장 전략을 구사할 수 있다. 넷째, 경기변동의 영향을 적게 받아 안정적이다. 특히 넥스트차이나 국가들의 경제는 불확실성이 높기 때문에 캐시카우(cash cow)로서 매력적이다. 즉, 절대 규모는 작지만 구매력이 상당히 큰 시장이다. 따라서 해당 시장의 마켓 점유율을 확장하려면 이들을 제일 먼저 공략해야 한다.

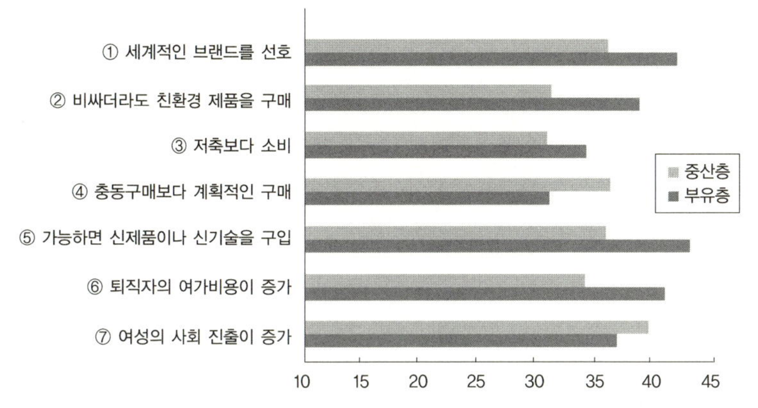

주: 5년 후 소비 성향에 대한 의견 (5점 척도).
자료: KOTRA; SERI (2010). "신흥국 소비자성향 조사"

신제품 선호하는 젊은 시장

넥스트차이나 국가의 부유층은 OECD 국가에 비해 연령대가 젊은 것이 특징이다. OECD 부유층의 연령대별 비중을 보면, 40대가 28%로 가장 많고, 뒤를 이어 50대가 25%, 30대가 21%, 60대 이상이 19%, 20대가 7% 순으로 나타난다. 이에 비해 넥스트차이나 국가의 부유층은 40대가 33%, 30대가 30%, 50대가 17%, 20대가 12%, 60대 이상이 8% 순이다.

또한 중산층에 비해 글로벌 브랜드, 친환경제품, 신기술이 적용된 제품에 대한 선호도가 높다. 새로운 제품에 대한 거부감이 적기 때문에 이제 막 공략에 나선 기업들도 시장에 어렵지 않게 접근할 수 있다. 이미 루이비통, 샤넬, 에르메스, 구찌, 프라다 등 주요 명품 브랜드들도 넥스트차이나의 부유층을 노리고 넥스트차이나 29개국 중 20개국에 진출한 상태다.

부유층과 소비 행태 유사한 상위 중산층

두 번째로 주목해야 할 소득 집단은 상위 중산층이다. 상위 중산층은 1인당 GDP 1만 달러 이상, 2만 달러 이하인 소득계층을 의미한다. 2009년 현재, 넥스트차이나의 상위 중산층은 9,270만 명이며 2015년까지 1억 3,700만 명으로 늘어날 전망이다. 상위 중산층의 소비 행태는 대중보다는 부유층과 유사하다. 실제로도 부유층에 진입할 가능성이 높은 집단이므로 이들을 대상으로 브랜드 강화전략에 힘쓸 필요가 있다.

패션에 민감한 대도시의 맞벌이 부부

넥스트차이나의 상위 중산층은 목표의식이 뚜렷하고 도전정신이 강하며 교육 수준이 높은 것이 특징이다. 국영기업이나 외국계 기업에 다니며 대도시에 거주하는 젊은 맞벌이 부부가 많으며 패션이나 유행에 민감하다. 가령 인도의 상위 중산층은 가전제품에 대한 구매 욕구가 높고 품질에 상당히 민감하다.

두 번째로 민주적, 진보적, 개방적인 선진국 중산층에 비해 보수적이며 폐쇄적인 편이다. 2010년 《뉴스위크》에 따르면 이제 막 가난에서 벗어난 신흥국의 상위 중산층은 자신들이 쌓은 경제적 기반이 무너질 것을 염려하여 급격한 정치 변화나 민주화에 대해 부정적이라고 한다. 브라질에서는 표현의 자유보다 굶주림으로부터의 자유가 더 중요하다는 인식이 일반적이며, 인도네시아의 상위 중산층도 이슬람 율법에 따라 만들어진 다양한 법을 지지할 뿐만 아니라, 전통적이고 종교적인 가치관에 대한 의존도가 높은 것으로 나타났다. 또한 정부를 비판하기보다는 정책에 순응하며 국가경제의 발전을 위해서라면 국가의 과도한 개입도 용납하는 분위기이다. 경제에 대한 국가의 개입이나 통제를 확대하고 있는 러시아 총리나 브라질 대통령에 대한 상위 중산층의 지지도가 70%를 상회하는 것은 이러한 분위기를 반증한다.

세 번째로 이들의 소비지출 특성은 OECD 국가의 소득 5분위 계층(소득10분위 중 5분위에 해당하는 계층)과 패턴이 유사한 것으로 나타났다. 즉 식음료, 주거, 교통 등의 지출이 높고, 술·담배, 의료, 통신 등의 지출이 낮다. 따라서 선진 시장에서 5분위 계층에게 인기를 얻고 있는 상품들은 큰 노력 없이두 넥스트차이나의 상위 중산층에게 어필할 수 있다.

다만 넥스트차이나의 상위 중산층은 OECD 국가의 5분위 계층보다 식음료와 교육 부문에 더 많은 비용을 지출하는 것으로 나타났다. 넥스트차이나의 상위 중산층은 식음료 부문에 19.5%를, 교육 부문에 4.4%를 지출하는 반면, OECD 국가의 5분위 계층은 각각의 부문에 13.4%와 1.1%를 지출한다. 반면, 여가·오락, 호텔·케이터링 관련 소비에서는 넥스트차이나 국가가 OECD 국가의 5분위 계층보다 지출 비중이 낮았다. 특히 레저비용의 경우 OECD 국가에서는 8.4%의 비중을 차지했으나, 넥스트차이나 국가에서는 그 절반 수준인 4.2%에 그쳤으며, 외식 및 호텔 역시 OECD 국가는 7.6%였고 넥스트차이나는 5.8%로 차이를 보였다.

● **넥스트차이나 국가와 OECD 국가의 소비 구조 비교** (단위: %)

	넥스트차이나	OECD 5분위
식음료	19.51	13.41
술 · 담배	1.64	3.89
의류 · 신발	6.26	4.84
주거	24.76	23.49
생활용품 · 서비스	6.09	5.65
의료	3.56	6.04
교통	11.13	11.90
통신	4.57	3.26
레저	4.19	8.42
교육	4.39	1.12
외식 · 호텔	5.83	7.58
기타	8.08	10.38

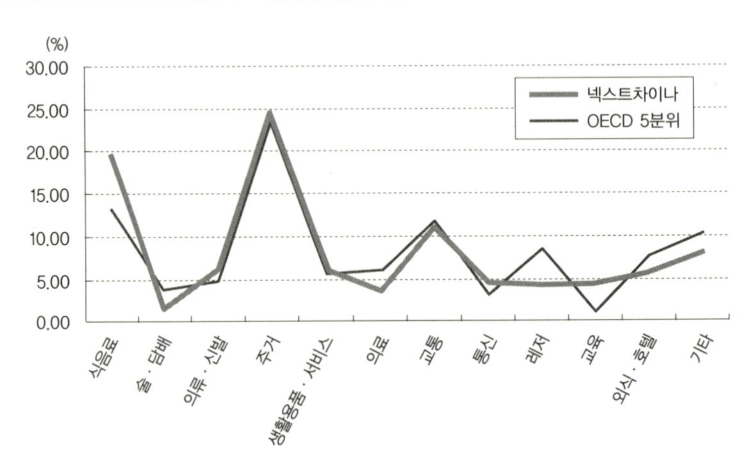

자료: Euromonitor (2010)

넥스트차이나의 상위 중산층 중에서도 남아프리카공화국의 ‘블랙 다이아몬드’는 특히 주목해야 할 집단이다. 블랙 다이아몬드란, 시장조사업체인 TNS와 케이프타운 대학의 유니레버 연구소가 만든 용어로 아프리카 대륙의 흑인 중산층을 가리킨다. 남아프리카공화국 인구의 9%를 차지하며 총 260만 명에 이른다. 서구나 아시아 선진국의 소비계층과 다른 독특한 소비 패턴을 보이고 있어 이들을 공략하면 아프리카 공략의 교두보가 될 가능성이 높다.

즉, 이들 블랙 다이아몬드 계층은 남아공의 다른 계층과는 달리 패밀리레스토랑이나 패스트푸드점에서의 식사를 즐기며 90% 이상이 대형 쇼핑몰을 선호하는 것으로 나타났다. 또한 70% 이상이 집(73%), 자동차(70%), 내구재(82%), 신용카드(75%)를 소유하고 있는 것으로 조사되었다.[59]

이들이 주요 소비계층으로 부상할 수 있었던 것은 남아프리카공화국이 2004년부터 추진한 흑인경제육성정책(BEE, Black Economic Empowerment) 덕분이다. 즉, 정부가 흑인의 경영 참여를 의무화하고 흑인의 경제활동을 지원함으로써 중산층에 진입한 것이다.

또한 산유국으로 주목받는 나이지리아, 자원부국으로 주목받는 모로코도 경제개발계획(NEEDS, National Economic Empowerment and Development Strategy)을 추진하고 있기 때문에 향후 안정적인 소비시

---

59 TNS (2007. 5. 14). Press Release.

장으로 정착할 가능성이 높다.

결론

넥스트차이나 시장에서 집중적으로 공략할 소비계층은 부유층과 상위 중산층이다. 부유층은 선진 국가들의 부유층과 소비수준이 비슷하고 미래의 매스 마켓 공략의 단초를 제시한다는 점에서 중요하다. 또한 상위 중산층은 스위트스팟(sweet spot), 즉 가장 매력적인 시장이다. 규모가 크고 소비 여지도 풍부하며 현재 OECD 국가의 5분위 계층과 유사한 소비 패턴을 보이고 있어 중산층 전체를 대상으로 한 전면전보다는 효과적인 공략이 가능해 보인다. 이들을 대상으로 적극적인 마케팅을 펼치면 넥스트차이나 시장에 한 걸음 더 다가갈 수 있을 것이다.

❸ 종교: 거대 시장 형성한 12억의 무슬림

넥스트차이나 29개국에는 이슬람교를 믿는 무슬림이 거대한 시장을 형성하고 있다. 이는 서구 선진국이나 브릭스 국가에서는 발견할 수 없는 특징이다.

최근에는 자원부국으로서, 인구가 빠르게 증가 중인 이슬람회의기구(Organization of the Islamic cooperation) 57개국이 부상하고 있다. 한국 기업의 입장에서는 아직 친숙하지 않은 신소비시장이다. 다산을 미덕으로 여겨 출산율이 높고 개종하는 인구도 증가하여, 무슬림의 규모는 1950년 이후 4배나 성장한 것으로 조사되었다.[60] 베일에 가려져 있던 무슬림 시장을 자세히 살펴보자.

무슬림 시장의 특성과 매력

전 세계의 무슬림 인구는 16억 명으로 주로 아시아와 아프리카 지역에 거주하고 있다. 그중 넥스트차이나 국가에 거주하는 인구는 12억 명으로 조사되었다. 무슬림 인구가 많은 나라는 인도네시아(2억 명), 파키스탄(1억 7,000만 명), 인도(1억 6,000만 명), 방글라데시(1억 5,000만 명) 순이다. 이슬람교가 태동한 중동 지역을 중심으로 거주하나 인도반도(파키스탄, 인도, 방글라데시)에 가장 많이 분포되어 있으며, 강력한 종교적 동질성을 바탕으로 거대 시장을 형성하고 있다. 무슬림 시장이 매력적인 이유는 크게 양적인 측면과 질적인 측면으로 살펴볼 수 있다.

먼저 양적인 측면에서 보면, 인구가 방대하고 증가율이 매우 높다. 다산을 미덕으로 여기는 문화와 일부다처제, 그리고 이슬람으로 개종하는 인구가 증가하고 있기 때문이다. 최근 독일, 프랑스, 미국, 영국 등 서구 지역에도 무슬림이 빠른 속도로 확산되고 있다. 유럽과 아라비아의 합성어인 유라비아(Eurabia)라는 용어도 등장했을 정도다. 뮌헨 대학의 한스 블레징거(Hans Blesinger) 교수는 2025년이면 무슬림이 유럽 인구의 10%를 차지할 것이라 전망하기도 했다.

질적인 측면에서 본다면, 풍부한 자원을 기반으로 한 신흥국들이 대다수 포함되어 있다. 중동을 필두로 인도네시아, 말레이시

---

60 Roudi-Fahimi, Farzaneh and Mary Mederios Kent (2008). "Fertility Declining in the Middle East and North Africa".

아, 러시아에도 많은 무슬림이 살고 있다. 주목할 점은 이들의 소비 성향이 매우 강하다는 점이다. 폐쇄적이고 금욕적인 이미지가 강한 이슬람교이지만 "알라가 창조한 모든 것을 누릴 권리가 있다"는 종교 원리로 인해 의외로 소비에는 관대한 편이다. 의식주처럼 기본 욕구와 관련된 지출 외에도 고급 주택, 자동차 같은 프리미엄 제품의 구입에도 적극적이다. 혼수 품목을 구입할 때도 비슷한 패턴이 나타난다.

개인적 친분관계인 '와스따(wasta)'를 중시하고 집단의식이 강해서 유행을 확산시키기도 좋다. 사회적 관계와 명예를 중요하게 여겨 소문이나 타인의 평가에 민감하기 때문이다. '밤새 이야기 하다'라는 의미의 '무사하라(musahara)'라는 단어가 시사하듯이 대화 나누기를 좋아하며 남성들도 '디와니야(diwaniya)'라는 사교 모임을 통해 의견을 교환한다.

최근 종교적 색채가 강한 라마단 기간이 최대의 소비 시즌으로 변모한 것은 이들의 소비 성향을 잘 보여준다. 원래 라마단은 해가 뜰 때부터 질 때까지 금식과 경건의 시간을 보내고 해가 진 후 가족이나 이웃과 함께 식사와 선물을 나누는 기간이었지만 최근에는 최대의 소비가 창출되는 시즌으로 변모했다. 많은 기업들이 여기에 마케팅 역량을 집중하고 있다.

무슬림 시장에는 독특한 특성이 있어 시장에 처음 진입하기는 어렵지만 일단 진입하고 나면 기회 선점이 가능하다. 다만 종교적 가치관이 일상생활 곳곳에 침투되어 있다는 점을 감안하여 세심한 전략을 마련해야 한다.

무슬림 여성이 착용하는 베일[61]은 정숙함과 깨끗함, 그리고 경건함을 상징한다. 그런데 최근 들어 변화가 생겼다. 베일의 스타일이나 색상 등이 화려해지고 베일에 가려지지 않은 눈 화장법과 성형술이 발달한 것이다. 남성은 일반적으로 위아래가 하나로 된 긴 장옷[62]을 착용하며 특히 수염을 길러 힘과 권력을 표시한다. 수염을 매끈하게 면도한 남자는 제3의 성으로 취급된다. 허리에는 다양한 장식의 단도를 차서 남성다움을 과시하며 단도의 형태와 색깔, 재료에 따라 신분과 부족을 구분한다. 반면 여성은 제모를 통해 가부장제도에 복종하는 여성성을 표현한다.

우상숭배를 엄격하게 금시하기 때문에 생물의 분양을 이미지화하는 것은 금기시된다. 이러한 금기는 상품의 디자인, 포장, 광고에도 동일하게 적용된다. 대신 기하학 문양이나 아랍어 서체가 발달했고, 이슬람을 상징하는 녹색과 흰색, 붉은색, 검정색, 금색을 선호한다. 이스라엘을 상징하는 푸른색은 비선호 색상이다. 따라서 매장의 상품 진열이나 마네킹을 활용할 때도 이러한 금기와 선호도를 세심하게 확인할 필요가 있다.

국내 온라인 게임업체인 갈라랩의 경우, 2009년에 중동 지역에 진출하면서 캐릭터의 디자인과 배경음악을 바꾸고 십자가나 별

---

61 얼굴 가리개인 '히잡(hijab)', 얼굴 외에 몸 전체를 덮는 검은 천 '차도르(chador, 주로 이란)', 온몸을 덮는 '부르카(burka, 주로 아프칸)', 얼굴을 덮는 검은 천 '니캅(niqab)', 허리까지 내려오는 '키마르(khimar, 주로 동남아시아)' 등이 있다.
62 '숍(thawb)', '갈라비야(galabiyah)', '다쉬다쉬(dashidashi)' 등으로 불리며 '사르왈(shalwar)'이라는 바지 위에 착용한다. 머리에는 '구트라(goutra)'라는 천을 쓰며 '이깔(igal)'이라는 끈으로 고정한 뒤 터번을 두르고, '비쉬트(bisht)'라 불리는 망토를 착용한다.

문양을 삭제하는 등 콘텐츠를 다시 제작했다. 그 결과, 현지에서
인기순위 3위를 차지하며 좋은 반응을 얻고 있다.

식음료 분야

동서양이 교차하는 지정학적 위치로 인해 여러 문화가 혼합된 퓨
전음식이 발달했다. 그러나 몸과 마음의 정결함을 강조하는 교리
의 특성상 음식에 대한 금기도 많은 편이다. 먹고 마시는 것 자체
가 건강한 신체를 보전하여 알라를 경배하기 위한 수단이라는 기
본 철학을 인지할 필요가 있다.

식음료 분야에서는 할랄(halal), 우리말로 '허락한다'는 인증이
필수적이다. 허락하는 음식(할랄)에는 도축 과정인 다비하[63]를 거
친 소, 양, 염소, 사슴, 낙타, 닭 및 각종 해산물, 과일과 야채 등이
포함되며, 금지하는 음식(하람)[64]에는 다비하 과정을 거치지 않은
고기, 돼지, 피, 제사음식, 술 등이 포함된다.

특히, 알코올을 금지하는 율법[65] 때문에, 커피와 차 문화가 발
달했다. 커피는 설교와 명상 중 잠을 쫓을 때 효과적이며 정신을
맑게 하고 피로를 회복시키며 열을 내려준다는 이유로 선호한다.

---

63 다비하(dhabyhah) 과정은 짐승의 머리를 이슬람교의 성지인 메카 방향으로 돌려 눕히거나 든 채 날
   카로운 칼로 목을 치고 모든 피를 제거하는 도축 과정을 거치되, 도축하는 사람은 "비스밀라(Bismi
   Allah, 알라의 이름으로)" 혹은 "알라후 알 아크바르(Allah al-akbar, 신은 위대하다)"라는 문구를 외
   쳐야 한다.
64 코란 2:172−173. "믿는 자들이여 죽은 고기와 피와 돼지고기를 먹지 말라. 그러나 고의가 아니고 어
   쩔 수 없이 먹을 경우에는 죄악이 아니라고 했으니 하나님은 진실로 관용과 자비로 충만하신 분이니
   라." 단, "기아 상태에 놓였거나 전쟁포로 등 불가항력적 상황에 처해 있을 때는 금기식품을 먹어도
   용납한다."
65 코란 5:9−91 "술은 이로움보다 해로움이 더 많고 술을 마시고 예배하는 것은 마귀 행위의 죄악이
   다. 술은 마시는 것 자체가 알라에 대한 불경이다."

넥 스 트 차 이 나

전통적으로 커피 문화에 대한 자부심이 강하며 모임의 성격과 초대된 사람의 사회적 지위에 따라 커피를 서빙하는 사람이 달라진다. 중요한 손님이 방문하면 집안에서 제일 어린 사람이나 연장자가 커피를 서빙하기도 하고 무까후와이(muqahwai)라는 하인이 전담하기도 한다. 커피를 대접하는 순서도 손님의 중요도와 사회적 지위에 따라 다르다. 커피는 여러 번 제공되기 때문에 잔의 크기는 작으며 꽉 채우기보다는 반잔 정도만 채운다. 항상 따뜻한 커피를 마시기 위해서다. 따라서 너무 적게 따르면 인색하다는 말을 듣고 너무 많이 따르면 귀찮아한다는 말을 들을 수 있다. 차는 19세기 이후 유입되어 사랑받는 기호식품으로 일반적으로 두세 잔을 연속해서 마신다. 설탕은 고열의 날씨에 녹초가 된 몸을 신속하게 회복시키기 때문에 선호하며 차에도 설탕을 많이 넣어 달게 마신다.

이슬람 시장으로 식음료를 수출하기 위해서는 원료와 성분은 물론이고 생산공장도 할랄 인증을 받아야 한다. 글로벌 식음기업인 네슬레는 일찍부터 이슬람 시장의 잠재성을 확인하고 역량을 집중하여 할랄식품을 주도하고 있다. AOA 존(아시아, 오세아니아, 아프리카)의 인구 30%가 무슬림임을 간파하고 미래 성장전략의 핵심으로 접근한 것이다.

유산균 음료기업인 일본의 야쿠르트도 말레이시아와 인도네시아에서 할랄 인증을 받아 11개 이슬람 국가로 시장을 확대하고 있다. 식음료에 대한 까다로운 검열은 의약품, 화장품에도 똑같이 적용된다. 최근에는 그린 소비 트렌드에 따라 친환경주의자나 채식주의자들도 이슬람의 음식 문화를 선호하는 경향이 생겨 시장 전망이 밝은 편이다.

금융 분야

금전 대여에 따른 이자를 금지하는 율법 샤리아[66]에 따라 이슬람 금융은 반드시 실물 거래 동반을 원칙으로 운영된다. 이런 이유로 글로벌 금융위기 때에도 비교적 양호한 실적을 거두면서 비이슬람권의 주목을 받았다. 그동안 이슬람 금융은 중동 지역과 말레이시아에 집중되어 있었으나 최근 북아프리카, 아시아, 유럽 및 북미 지역으로까지 확산되는 중이다. 1975년 두바이이슬람은행이 설립된 이후 이슬람의 금융자산은 2010년 1조 달러에 이른 것으로 알려져 있다. 이란이 3,000억 달러, 사우디아라비아가 1,300억 달러, 말레이시아가 900억 달러 순이다.[67]

말레이시아는 정부의 적극적인 정책 지원에 힘입어 이슬람 금융의 허브로 급부상하는 중이며, 영국은 비이슬람권 국가 중에서 가장 적극적으로 이슬람 금융을 육성함으로써 서방의 허브 역할을 담당하고 있다. 이슬람에 특화된 금융기관인 HSBC 아마나(Amanah)는 2010년 2월 《유로머니》로부터 최고의 국제 이슬람 금융기관으로 선정되었다. 이들은 이슬람 고객들이 종교적 신념과 상충하지 않으면서도 안심하고 금융 서비스를 이용할 수 있도록

---

66 샤리아(Sharia)는 경전인 코란보다 구체적인 행동지침을 담고 있는데, 기본적으로 아무런 활동 없이 돈이 돈을 만드는 것을 허용하지 않기 때문에 금융 거래를 하려면 반드시 재화나 서비스의 교환이 필요하다. 즉, 예금을 받은 은행은 그 돈을 다시 금융상품에 투자하지 않고 실물에 투자해서 이득을 번 뒤 수익을 이자화해야 한다.
67 금융연수원(2010. 7). "이슬람 금융의 이해와 실무".

별도의 브랜드를 도입하여 차별적으로 운영하고 있다.

결론

16억의 무슬림 시장은 그동안 지역적, 문화적 거리감 때문에 한국 기업들의 진출이 더뎠지만 이제는 보다 공격적인 시장 개척 전략이 필요한 시점이다. 무슬림 시장에 진출하고자 하는 기업은 먼저 동남아시아 시장에서 어느 정도 기반을 마련한 후 중동 및 전 세계의 무슬림 시장을 공략하는 것이 바람직하다.

또한 어느 문화권보다 입소문의 영향력이 크기 때문에 소셜미디어를 적극 활용한 마케팅 방법을 연구할 필요가 있다.

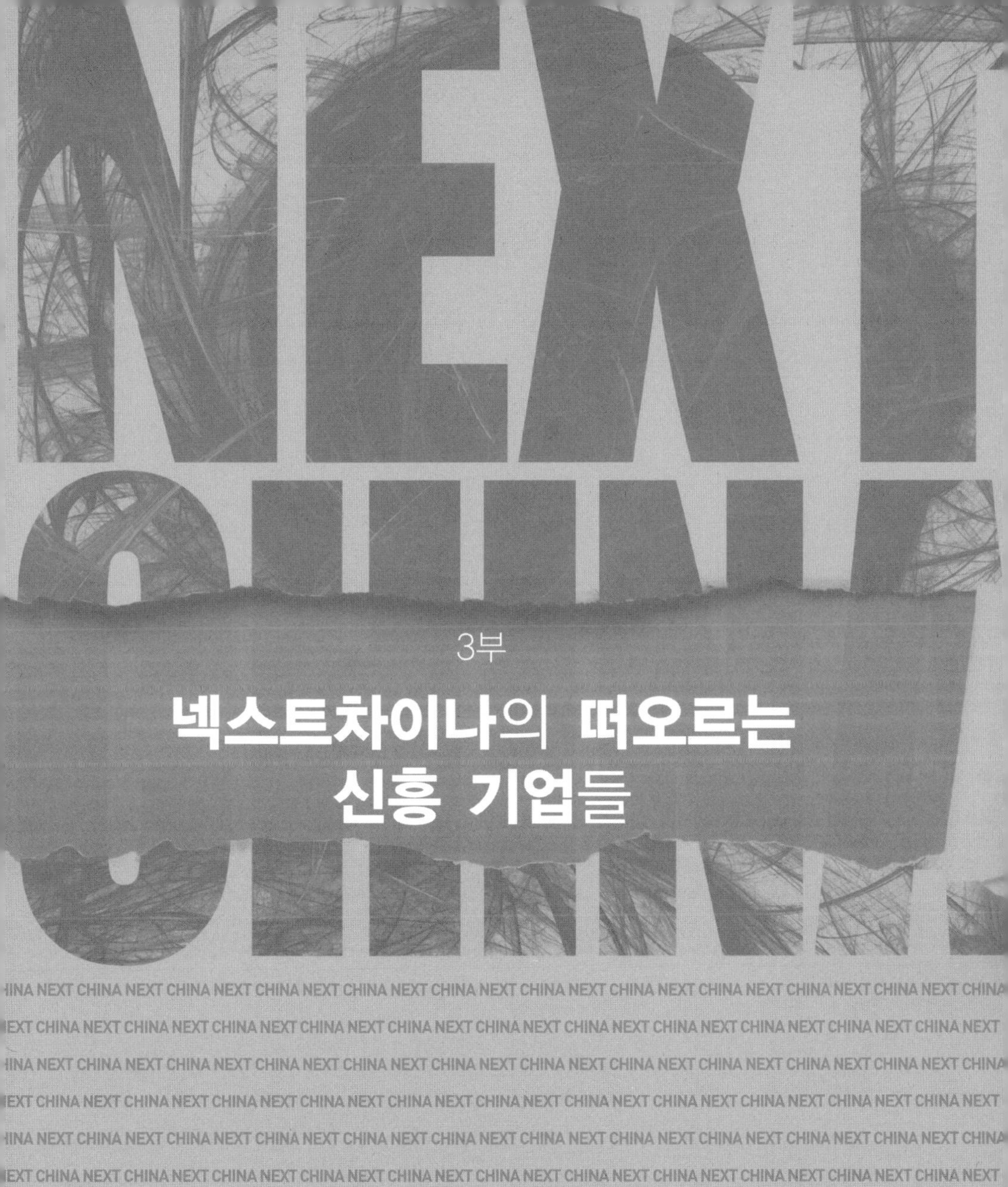

3부

넥스트차이나의 떠오르는 신흥 기업들

넥스트차이나의
신흥 기업을 주목하라

전쟁으로 한 지역을 점령하려면 제일 먼저 무엇부터 해야 할까? 아마도 그 지역의 기존 세력을 살펴보아야 할 것이다. 상대를 알아야 나의 실력을 정확히 평가할 수 있고, 그들을 적이 아니라 협력의 대상으로 만들 방법도 보이기 때문이다. 따라서 3부에서는 넥스트차이나 시장에서 무섭게 성장하고 있는 신흥 기업들을 살펴보고자 한다.

넥스트차이나의 기업들은 2000년대 이후 빠른 성장을 거듭하고 있다. 인도, 브라질, 러시아 등 주요 넥스트차이나 국가의 기업 중 《포춘》이 선정한 글로벌 500대 기업에 속하는 기업은 2003년 7개에서 2011년 22개로 늘어났다. 이 중 인도 기업은 1개에서 8개, 브라질 기업은 4개에서 7개, 러시아 기업은 2개에서 7개로 늘어났다. 하지만 같은 기간 11개에서 61개로 늘어난 중국 기업의 그늘에 가려 크게 주목을 받지 못한 것이 사실이다.

주로 정부의 구조조정을 통해 내수시장을 기반으로 성장한 중국 기업에 비해 시장 경쟁을 통해 부상하고 있는 넥스트차이나의 신흥 기업들은 우리가 반드시 주목해야 할 대상이다. 실제로 글로벌 M&A 시장에서 넥스트차이나의 기업들은 중국 기업보다 좋은 성과를 내고 있다. 중국의 상하이자동차가 인수 후 사실상 실패한 한국의 쌍용자동차를 인도의 2위 로컬 자동차업체인 마힌드라자동차(Mahindra Group)가 2010년에 성공적으로 인수한 것이 좋은 사례다. 또한 인도의 1위 로컬 자동차업체인 타타자동차 역시 2004년 대우차의 상용차 부문을 인수하여 타타대우를 설립한 후 성공적으로 운영하고 있다.

넥스트차이나 시장의 신흥 기업을 살펴보아야 하는 이유는 다음과 같다.

첫째, 대표 기업의 성장이 그 시장의 성장에 결정적인 역할을 하기 때문이다. 대표 기업은 해당 국가의 경제에서 소위 '빅브라더' 역할을 담당하는 데 실제로 이러한 빅브라더로 인해 기술 이전, 인적 자원 이전, 자금 이전, 경영 노하우 이전, 해외 판매망 이전, 납품관계 형성 등 다양한 측면에서 확산 효과가 발생하는 것이 확인되었다. 과거 한국경제의 성장을 이끌었던 대기업들이 이러한 선례를 보여준다. 마찬가지로 넥스트차이나 시장의 빅브라더 기업을 살펴보면 그 나라 경제와 시장의 발전 가능성을 가늠할 수 있다. 인도의 타타그룹이나, 릴라이언스 그룹, 브라질의 엠

브라에르(Embraer), 게르다우, 남아프리카공화국의 사솔(Sasol), 멕시코의 세멕스(Cemex) 등은 넥스트차이나 대표기업으로 해당국 기업의 '빅브라더'라 할 수 있다.

둘째, 신흥 기업의 부상은 곧바로 기업간 거래(B2B) 시장의 확대로 이어지기 때문이다. 한국 기업에 비해 아직 기술 수준이 떨어지는 신흥시장의 로컬 기업들은 상대적으로 저부가가치 영역에 머무르고 있으며, 관련 고부가가치 부품을 대부분 선진 기업으로부터 수입해서 사용하는 형편이다. 따라서 신흥 기업의 매출 증가는 곧바로 고부가가치 영역의 제품과 서비스 수요로 이어진다. 과거 한국의 전자기업이 성장하자 일본 전자부품업체의 매출이 급승했던 것과 마찬가지다. 따라서 현재 급부상하는 넥스트차이나 신흥 기업은 한국 및 선진 기업에게 B2B 시장의 고성장 기회를 제공할 것이다. 이러한 상황을 선제적으로 파악하여 시장을 선점하는 것이 우리의 과제다.

셋째, 넥스트차이나 신흥 기업이 해당 시장과 글로벌 시장에서 경쟁자로 급부상하고 있기 때문이다. 기존 시장을 점유하고 있는 선진 업체에 새롭게 부상하는 신흥 글로벌 기업은 매우 위협적인 존재다. 실제로 인도 시장을 선점하고 있던 노키아는 최근 인도 현지 업체의 성장으로 점유율이 급속히 하락하는 상황이다. 이러한 위협에 선제적으로 대비하기 위해서도 신흥 기업의 부상을 주목할 필요가 있다. 특히 많은 산업 분야에서 아직 선진 글로벌 기업을 추격해야 하는 한국 기업은 동시에 신흥 글로벌 기업에 쫓기는 샌드위치 상황에 놓이게 되었다. 이로 인한 경쟁 격화에 대비하기 위해서도 신흥 기업의 부상을 상세하게 살펴볼 필요가 있다.

마지막으로 신흥 기업이 높은 성장성과 수익성을 동시에 달성하고 있으며, 이를 기반으로 빠르게 발전하고 있기 때문이다. 과거 선진 기업들은 자체적인 혁신을 통해 점진적 글로벌화를 달성했고, 1980년대에 부상한 한국 등 동아시아 신흥 공업국의 기업들은 자체적인 혁신 과정을 단축한 채 글로벌 시장에 진출했다. 한편, 뒤늦게 출발한 넥스트차이나의 신흥 기업들은 선진 기업과의 M&A나 제휴 등을 통해 빠르게 경쟁력을 갖추는 전략을 구사하고 있다.[1] 내수시장마저 이미 글로벌화된 상황이어서 자체 역량을 구축하려면 시간이 너무 지체되기 때문이다. 실제로 인도의 타타그룹이나 멕시코의 세멕스 등 대표적인 신흥 기업의 성장에는 해외 선진 기업들의 인수합병이 결정적 역할을 했다.

이러한 상황에서 우리에게 요구되는 것은 신흥 기업의 위협에 대비하면서 동시에 이를 기회로 활용하는 전략이다. 무엇보다

● **기업의 글로벌화 세대 구분**

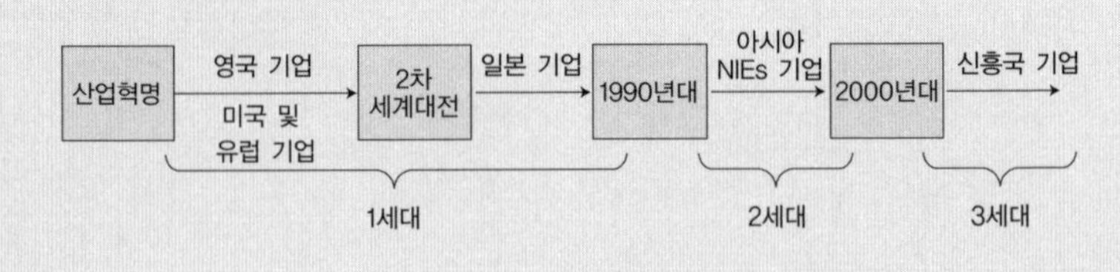

---

1 이러한 전략을 Luo Y. 등은 스프링보드(springboard) 전략이라고 명명했다.

‘지피지기(知彼知己)’를 바탕으로 한 윈윈(win-win) 전략, 즉, 신흥 기
업과 우리 기업이 같은 동력 아래에서 성장하도록 하는 전략이
필요하다. 즉, 달리는 호랑이의 등 위에 올라타 이들의 방향을 잡
아주고, 더 빨리 달릴 수 있도록 도와주는 사업전략을 말한다.

1 인도 기업: 글로벌 M&A를 통한 고속성장 전략

2010 회계연도 매출액 2조 7,000억 루피, 우리 돈으로 약 63조 원을 기록한 인도에서 가장 큰 민간기업은 어디일까? 바로 석유화학 기업인 릴라이언스 인더스트리즈(RIL, Reliance Industries Limited)이다. 글로벌 금융위기에도 불구하고 2007년 이후 릴라이언스의 매출액은 3년 만에 2배 가까이 늘어났다. 2001년의 매출이 약 10조 원 정도였음을 감안할 때 10여 년 만에 6배가 넘게 성장한 것이다.

이외에도 타타스틸(Tata Steel), 타타자동차(Tata Motor) 등도 릴라이언스 인더스트리즈와 함께 2011년 《포춘》이 선정한 글로벌 500대 기업에 이름을 올렸다.

또한 세계적인 IT 서비스 기업으로 성장하고 있는 TCS, 인포시스(Infosys), 위프로(Wipro), 성장 잠재력이 높은 제약기업 란박시

● 《포춘》 선정 500대 글로벌 기업에 포함된 인도 기업(2011년)

기업명	500대 기업 순위	본사 위치	매출액(백만 달러)
인디언오일	98	뉴델리	68,837
릴라이언스 인터스트리즈	134	뭄바이	58,900
바랏 퍼트롤리엄(BP)	272	뭄바이	34,102
스테이트뱅크 오브 인디아 (State Bank of India)	292	뭄바이	32,450
힌두스탄 프트롤리엄(HP)	336	뭄바이	28,593
타타자동차	359	뭄바이	27,046
ONGC(Oil & Natural Gas)	361	데라 둔	26,945
타타스틸	370	뭄바이	26,065

(Ranbaxy), 선파마(Sun Pharma), 닥터레디(Dr. Reddy), 풍력업계의 신흥 글로벌 강자 수즐론(Suzlon) 등 다양한 산업에서 낳은 기업이 빠르게 성장하고 있다.

민간 글로벌 기업의 약진

《포춘》이 선정한 글로벌 500대 기업에 속하는 인도 기업은 2003년 1개에서 2011년 8개로 늘어났다. 이 중 민간기업은 릴라이언스 인더스트리즈(134위)와 타타자동차(359위), 타타스틸(370위)이다. 나머지 회사들은 전부 국영기업으로, 인도 최대의 국영은행인 SBI(292위)와 석유 관련 회사인 인디언오일(98위), BP(272위), HP(336위), ONGC(361위)이다.

인도의 민간기업은 2000년대 들어 두드러진 성장세를 나타내고 있다. 최대의 국영 석유회사인 인디언오일(Indian Oil)은 2001년에서 2010년까지의 10년간 연평균 매출 성장률 11%, 평균 영업이

익률 −1.2%를 기록했다. 이에 반해 민간기업인 릴라이언스 인더
스트리즈와 타타스틸, 타타자동차는 같은 기간 동안 각각 23%,
36%, 36%의 매출 성장률을 기록했으며, 평균 영업이익률 또한
12%, 18%, 6%를 기록했다. 말 그대로 고수익, 고성장이라는 두
마리 토끼를 잡은 것이다.

고도성장 이끈 기업가 정신

인도 기업의 급부상 이면에는 활발한 기업가 정신이 자리하고 있
다. 하버드 대학의 타룬 칸나(Tarun Khanna) 교수는 저서 《24억 기업
가들이 온다(Billions of Entrepreneurs)》에서 다양하고 복잡한 인도 경제
의 장기적인 성장을 견인하는 핵심 요소로 활발한 기업가 정신을
꼽았다.

　실제로 타타, 릴라이언스, 에사르(Essar) 등 인도의 민간기업 집
단을 이끌고 있는 가문의 기업가 정신은 그룹 성장에 결정적 역
할을 했다. 1960년대에 릴라이언스 인더스트리즈를 창업한 디루
바이 암바니(Dhirubhai Ambani)는 "릴라이언스의 성장에는 한계가
없다. 꿈을 꿀 수 있을 때 목표를 더 성취할 수 있다"며 도전정신
을 강조했다. 그는 1990년대 이후 정부의 개방정책에 힘입어 폴
리머와 합성섬유 분야에서 수요가 급증하자, 주변의 반대를 무
릅쓰고 석유화학 공단을 건설했다. 외국의 많은 컨설턴트조차
무리라고 판단했지만 암바니는 결단을 내리고 투자를 진행했으
며, 오히려 기간을 2~3년 단축시키면서 공단을 완성했다. 이러
한 투자는 이후 릴라이언스 인더스트리즈가 인도 최대의 민간기

업으로 도약하는 데 결정적 기여를 했다.

타타 가문은 기업의 사회적 책임을 강조한다. 현재 타타그룹의 회장인 라잔 타타(Rajan Tata, 창업주 잠셋지 타타의 증손자)는 이윤의 대부분을 사회에 환원하여 인도에서 가장 존경받는 인물로 평가받고 있으며, 2008년에는 인도에서 두 번째로 명예로운 대통령 표창인 '파드마 비부샨(Padma Vibhushan) 상'을 수상하기도 했다.

인도의 활발한 기업가 정신을 활용하기 위해서는 한국과 인도 기업가들의 교류를 확대하고 공동의 사업 기회를 적극적으로 발굴해야 한다. 특히 양국 모두 강한 기업가 정신을 바탕으로 기업의 고도성장을 이끌었다는 공통점을 살려, 다양한 인적 네트워크를 구축한다면 보다 낳은 사업 기회를 만들 수 있을 것이다.

소득 증대와 내수시장 확대

내수시장의 확대도 인도 기업의 급성장을 이끈 요인이다. IT 서비스 등 일부 선도 산업이 발달함에 따라 근로자의 소득수준이 높아지면서, 내수시장의 수요가 빠르게 증가하고 있다. 소득 증가에 따른 중산층 확대가 의식주와 관련된 생필품, 전자, 자동차, 제약 등 모든 산업의 수요를 유발하고, 이것이 또 다른 투자와 소득 증가로 이어지는 선순환 구조를 낳은 것이다.

실제로 인도의 휴대폰 가입자 수는 2003년 이후 연간 70%씩 성장하고 있으며, 자동차, 가전, 인프라, 바이오제약 등 거의 모든 산업에서 매년 20~30% 이상의 성장이 이루어지고 있다.

내수시장의 확대는 현지 실정에 익숙한 로컬 기업의 수익과 성장에 결정적으로 기여하고 있다. 하지만 짧은 시간에 급부상한 로컬 기업의 경우 부품, 설비 등과 같은 고기술 영역보다는 조립, 판매, 시공 등 단순 기술 영역에 역량이 집중되어 있는 것이 현실이다. 따라서 부품이나 고부가가치 영역에서 경쟁력을 갖춘 한국 기업들은 현지 업체를 대상으로 B2B 사업 기회나 기술 이전을 전제로 한 공동 투자 기회를 만들 수 있을 것이다.

과감한 해외 M&A를 통한 역량 확보

인도 기업은 글로벌 기업들을 과감하게 인수합병함으로써 기술과 브랜드를 한번에 확보하는 전략을 사용하고 있다. 즉, 해외 기업을 인수하면서 얻은 기술과 브랜드를 가지고 단숨에 시장 지위를 강화하는 것이다.

현재 전 세계 조강(粗鋼) 생산량 7위인 철강업체 타타스틸은 2007년 당시 철강 생산량 세계 9위를 차지했던 유럽의 코러스(Corus)를 인수했다. 이로 인해 매출액은 단숨에 5.2배나 증가했고 2006년 47위였던 세계 조강 생산량 순위는 2007년 7위로 급부상했다. 타타스틸은 지금까지도 계속해서 흑자를 내고 있다.

타타자동차 또한 2008년 포드자동차로부터 재규어 랜드로버를 인수하면서 본격적인 글로벌 기업으로 떠올랐다. 인수 후 글로벌 금융위기가 닥쳤지만 어려움 속에서도 고도성장을 지속하여 2010년 1조 2,000억 루피, 우리 돈으로 약 29조 원의 매출을 달성했다. 타타자동차는 현재 타타스틸을 제치고 그룹 내 최대 기업으로 자리 잡았다.

경쟁 기업들은 인도 기업들의 역량 확보형 해외투자 전략을 예의주시할 필요가 있다. 특히 기업 내부에서 역량을 구축하는 것이 아니라, M&A를 통해 단숨에 역량을 확보하고 시장 지위를 구축하기 때문에 현재의 규모만 보고 방심했다가는 큰 낭패를 당할 수도 있다. 역으로, 인도 기업의 자본을 한국으로 유치하는 방법도 고려할 만하다. 같은 업종에서 인도 기업의 자본을 유치한 기업은 인도 내에서 새로운 판로를 확보하면서 협력하는 사업관계를 확대해 나갈 수 있기 때문이다. 국내 기업의 기술 및 제조 역량과 인도 기업의 판매망 확보 역량이 결합하여 시너지 효과를 내는 것이다. 이러한 투자 유치는 국내의 산업기반을 확장하여 국내에서 유발되는 부가가치의 확대, 고용 창출 등의 효과를 가져올 것이다. 실제로 2010년 한국과 인도 간에 포괄적 경제동반자협정(CEPA, Comprehensive Economic Partnership Agreement)이 발효된 이후 인도 기업들의 한국 투자가 확대되고 있다.

인도 기업의 부상은 우리에게 위협이자 기회

2000년대 이후 본격화된 인도 기업의 부상은 2010년대에도 더욱 확대될 것으로 보인다. 특히 중견 기업과 대기업들은 급성장한 내수시장에서 마련한 자금력을 바탕으로 활발하게 글로벌 M&A를 추진해 나갈 전망이다. 2010년 인도 기업의 전체 M&A 규모는 전년 대비 4배 증가한 710억 달러를 기록했고, 이 중 해외 M&A도 592억 달러를 기록했다. 이러한 증가세는 앞으로도 계속될 전망이다.

　이를 통해 인도에서는 제2, 제3의 릴라이언스 인더스트리즈,
타타스틸, 타타자동차 등의 성공사례가 출현할 것으로 보인다.
한국 기업들은 인도 기업의 급부상이 만들어낼 변화를 예의주시
하면서, 관련 기회를 활용하고 위협에 대비해야 한다.

2 브라질 기업: 원자재에서 식품까지 글로벌 시장을 평정하다

2000년대 들어 시작된 자원 가격의 상승은 자원부국 브라질 경제의 부상을 가져왔고, 이에 힘입어 브라질 기업들도 성장에 속도를 내고 있다. 《포춘》이 선정한 500대 글로벌 기업에 속하는 브라질 기업의 수는 2003년 4개에서 2011년 7개로 증가했다. 이 중 34위를 차지한 페트로브라스(Petrobras)는 매출액이 1,200억 달러가 넘고 순이익이 192억 달러에 달한다. 순이익으로 보자면 한국의 최대 기업인 삼성전자의 137억 달러보다 높은 수준이다. 그 외에도 철광석 생산기업 발레(Vale), 식품기업 JBS 등 대규모 기업들이 급성장하고 있다.

또 S&P 라틴아메리카 대표기업지수에 포함된 40대 기업에 총 17개 기업이 이름을 올렸으며, 이들의 시가총액이 전체의 60%를

기업명	500대 기업 순위	본사 위치	매출액(백만 달러)
페트로브라스(Petrobras)	34	리우데자네이루	120,052
방코도브라질(Banco do Brasil)	117	브라질리아	62,891
방코브라데스코(Banco Bradesco)	156	오사스코	53,010
발레(Vale)	186	리우데자네이루	45,293
JBS	307	상파울루	31,279
이타우자(Itausa-Investimentos Itau)	360	상파울루	26,982
울트라파(Ultrapar Holdings)	400	상파울루	24,135

차지하는 등 브라질 기업의 성장은 괄목할 만하다. 1990년대에는 큰 주목을 받지 못하던 브라질 기업들이 2000년대에 글로벌 시장에서 떠오르는 별이 된 이유는 무엇일까?

민영화 정책의 수혜자

1990년대에 시작된 브라질 정부의 민간기업 활성화 전략은 브라질 기업의 성장을 이끈 가장 큰 원동력이다. 군부정치체제 이후 사상 처음으로 민선 대통령으로 선출된 콜로르 대통령은 1990년 취임과 동시에 기업 경쟁력 제고와 재정 안정화를 위해 민영화를 가장 중요한 경제정책으로 추진했다. 그 뒤를 이어 프랑코 대통령, 카르도주 대통령도 민영화 정책을 지지했다. 그 결과, 1991년과 2000년 사이에 다양한 산업 분야에서 총 162개의 브라질 기업이 민영화되었다. 미주개발은행(IDB)의 보고서는 민영화 이후 브라질 기업들의 수익성과 효율성이 크게 개선된 것으로 분석했다.[2]

이들 중 가장 성공한 기업은 세계 중소형 항공기 시장을 평정한 엠브라에르다. 1990년대 초 세계적인 경제위기와 걸프전쟁 이후 군수 판매 감소로 엠브라에르가 파산위기에 놓이자 브라질 정부는 1994년에 민영화를 단행했다. 당시 엠브라에르에는 기술 노하우를 지닌 다수의 엔지니어들이 있었으나 정부의 통제로 인해 재무, 경영, 마케팅 등 민간시장 진출에 필요한 역량이 많이 부족한 상황이었다. 그러나 민영화 이후 다양한 경쟁 역량을 확보하고 민간 경비행기 시장 진출에 집중한 결과 4년 만에 흑자로 돌아섰다. 또한 금융위기에도 불구하고 연구개발(R&D)에 꾸준히 투자하여 2010년 54억 달러의 매출을 달성하며, 현재 세계 중소형 제트기 시장에서 점유율 1위를 유지하고 있다.

엠브라에르의 성장은 글로벌화를 추진하는 기업들에게 중요한 시사점을 준다. 기존에 보유하고 있던 기술에 마케팅 및 시장 분석능력을 더해, 주목받지 못했던 중소형 제트기의 니치마켓을 선점할 정도로 역량을 키웠기 때문이다. 경기침체에도 불구하고 스타 제품을 만들기 위해 인력과 기술개발 투자를 확대한 경영진의 결단력 또한 중요한 성공 요인이라 할 수 있다.

---

2 Anuatti-Neto, F. et al. (2003). "Costs and benefits of privatization: Evidence from Brazil". Research Network Working Paper R-455. Inter-American Development Bank.

호황 누리는 원자재 기업

브라질 기업의 부상에는 원자재 가격의 상승도 한몫했다. 넥스트
차이나 국가의 자원 수요가 증가하면서 2001년과 2010년 사이 유
가는 230%, 금속 가격은 260%나 상승했다. 이로 인해 브라질의
총 수출에서 자원이 차지하는 비중이 2000년 41%에서 2010년
62%로 확대되었고, 자원기업들의 매출 역시 크게 증가했다. 2011년
에는 브라질의 에너지기업인 페트로브라스와 광물회사인 발레
가《포브스》가 선정한 2000대 기업에서 각각 8위와 53위에 오르
며 대표 기업으로 자리 잡았다. 또한 CSN, 우지미나스(Usiminas), 게
르다우 같은 철강업체들도 빠른 속도로 성장 중이다

페트로브라스

세계 3대 에너지기업 중 하나인 페트로브라스는 현재 30개국에
진출 중이며, 2011년 기준으로 160억 배럴에 달하는 원유 및 가스
매장량을 보유하고 있다. 페트로브라스는 심해유전 발견 및 개발
에 비교우위를 갖고 있는데, 2003년 이전까지는 4,000m 미만의
심해에서만 유전을 개발하다가 2007년에 산토스 만에서 7,000m
깊이의 초대형 심해유전을 발견한 뒤로 세계에서 그 기술력을 인
정받았다. 현재 이곳에 위치한 두 곳의 암염하층 유전에서 확인
된 매장량은 80억 배럴에서 120억 배럴로 추정되고 있으며, 페트
로브라스는 앞으로 일곱 곳의 유전을 추가로 개발하여 10년 이내
에 석유 생산량을 2배 이상 늘리겠다는 목표를 세웠다. 이에 대한
투자자금을 마련하기 위해 2010년 9월에는 기업공개를 통해 당

시 세계 최대 규모였던 660억 달러를 조달하기도 했다.

발레

세계 2위의 광물기업인 발레는 현재 세계 철광석 수출시장의 약 4분의 1을 차지하고 있다. 2011년 2/4분기에는 전년보다 매출이 55%나 증가해 사상 최대 규모인 153억 달러를 기록하는 등 세계적인 광물 수요 증가와 함께 빠르게 성장 중이다. 1997년 민영화된 이후로 글로벌화를 적극적으로 추진하여 현재 아프리카 7개국, 남미 5개국 등 총 22개국에서 광물을 채굴하고 있으며, 2000년 이후 종 31건의 M&A를 단행하며 규모를 키우고 있다. 또한 최근에는 브라질에서 빠르세 성장하고 있는 농업 비료 수요를 중족시키기 위해 관련업체를 58억 달러에 인수하는 등 비료사업에서도 두각을 나타내고 있다.

게르다우

게르다우는 중남미 최대의 철강회사로 4개 대륙, 14개 국가에 생산기지를 갖고 있으며 2010년 기준으로 2,530만 톤의 철강 생산 역량을 갖추고 있다. 철강 재활용 시스템을 확대하여 높은 에너지 효율과 생산성을 달성하고 있다. 월드컵과 올림픽을 앞두고 있는 브라질과 중남미 국가들에서 인프라 투자가 빠르게 확대될 것이 예상되므로 앞으로도 견고한 성장세를 유지할 것이다.

앞으로 브라질에서는 원유 개발에 필요한 심해 개발용 탐사선, 시추선 등 선박에 대한 수요가 증가할 것으로 예상된다. 2011년 5월, 페트로브라스의 CEO 호세 세르지오 가브리엘(José Sergio Gabrielli)은 현재 보유하고 있는 15개의 심해 굴착장치와 287개의 선박을 2020년까지 각각 53개와 568개로 늘리겠다고 발표했다.[3] 이는 드릴십(drillship, 해양시추선) 분야에서 독보적인 경쟁력을 확보하고 있는 한국의 조선업체들에게 매우 반가운 소식이다. 물론 발레나 게르다우가 필요로 하는 초대형 운반선의 경우에는 중국 등 여러 경쟁국들이 존재하지만, 건조 경험 측면에서 우위를 보유하고 있는 한국 기업들이 중요한 파트너로 부상할 전망이다.

몸집 불리며 글로벌화 추진 중인 기업

브라질 기업들은 사업 확장에 필요한 자금을 확보하며 글로벌화를 적극적으로 추진하고 있다. 발레의 경우 2010년과 2015년 사이에 아프리카 내의 광산 개발 프로젝트에 약 150억 달러에서 200억 달러를 투자하겠다고 발표했다.

또 여러 기업들이 헤알화 강세에 힘입어 금융위기 이후 자산가치가 많이 하락한 선진국 기업들을 매입하고 있다. 2000년대 중반까지는 수출을 통해 글로벌화를 달성했다면 최근에는 M&A를 통한 글로벌화에 집중하고 있는 것이다. 브라질의 최대 화학업체인 브라스켐(Braskem)이 2011년 6월 미국 다우케미컬의 자회사를

---

3 "Petrobras CEO says need more rigs, ships" (2011. 5. 25). Reuters.

인수하며 세계 최대의 폴리프로필렌 생산업체로 부상한 것이 하나의 사례다. 브라스켐은 겨우 3억 2,000만 달러를 투자하여 미국과 독일의 생산공장을 각각 두 곳씩 사들였고, 그 결과 23억 파운드의 생산 역량을 추가로 확보했다.[4]

JBS

신흥시장의 중산층 확대로 육류 소비가 증가하자 비옥한 땅을 가진 브라질의 육류업체들이 좋은 성과를 내고 있다. 특히 브라질의 육류업체 JBS는 2006년에서 2010년 사이 매출을 18배나 증가시키며 세계 최대의 육류업체로 떠올랐다. 이 회사는 2000년대에 가장 적극적으로 글로벌 M&A를 단행한 기업 중 하나로, FDC 비즈니스 스쿨이 발표한 2011년 브라질 기업 글로벌화 지수에서 1위를 차지하기도 했다.[5]

JBS는 2000년대 초반까지는 브라질 내의 육류산업을 통합하는 데 총력을 다했고 2005년부터는 스위프트아르헨티나를 인수하며 글로벌 시장으로 사업을 확장했다. 이후 스위프트푸드(미국), 타스만 그룹(호주), 스미스필드 비프(미국), 필그림스 프라이드(미국) 등 총 13개 기업을 차례로 인수하면서 세계 최대의 소고기업체, 그리고 세계 2위의 닭고기업체로 성장했다.

JBS의 비교우위는 규모의 경제뿐 아니라 리스크 관리능력에서

---

4 "For Brazilian companies US is cheap" (2011. 7. 28). *Financial Times*.
5 Fundação dom cabral (2011). "Rankings das transnacionais Brasileiras 2011."

도 두드러진다. 2000년대 초 광우병에 대한 우려로 미국과 캐나다가 브라질의 소고기 수입을 금지하자 JBS의 경영진은 이 같은 문제의 재발 방지와 수출 중심의 성장을 달성하기 위해 생산지 다변화와 제품 다각화를 적극 추진했다. 글로벌 M&A를 통해 주요 육류 생산국인 아르헨티나, 미국, 호주에 생산기지를 설립한 것이다. 그 결과, 2008년에 유럽연합이 브라질의 육류 수입을 금지했을 때도 호주에 있는 자회사를 통해 유럽 시장에 수출을 계속할 수 있었다. 또한 필그림스 프라이드와 베르틴을 인수하며 닭고기, 유제품, 가죽 시장 등으로 사업을 다각화하기도 했다.

브라질 기업과의 교류는 남미 진출의 관문

브라질 기업의 성장은 신흥국 원자재 수요의 지속적인 증가와 2014년 월드컵, 2016년 하계올림픽 개최로 인해 더욱 가속화될 것으로 보인다. 브라질 기업과의 교류는 많은 기회가 열려 있는 남미로의 진입을 의미한다. 따라서 글로벌 기업으로 부상하고 있는 브라질 기업들과 협력을 강화하여 세계무대에서 새로운 기회를 창출할 필요가 있다.

　브라질 자원기업들의 성장은 B2B 시장의 확대로도 이어질 것이므로 지속적인 교류를 유지하며 사업 기회를 확보해야 한다. 또한 탈산업화에 대한 우려와 헤알화 강세에 따른 브라질 정부의 보호무역주의 조치의 피해를 최소화하려면 현지 생산업체들과의 협력을 강화할 필요가 있다. 글로벌화를 준비하는 한국 기업

들은 글로벌 니치마켓을 공략한 엠브라에르와 글로벌화를 통
해 리스크 관리능력을 확보한 JBS에게서 교훈을 얻을 수 있을
것이다.

3 러시아 기업: 양적 성장에서 질적 성장으로, 산업 다각화 모색 중

2001년 20달러 선이던 국제 유가가 2011년 100달러 선으로 5배 가량 상승하면서 원유 수출에 의존하던 러시아의 GDP가 약 60% 가까이 성장했다.[6] 2001년 2개에 불과하던 《포춘》 500대 기업에 2011년에는 무려 7개의 러시아 기업[7]이 이름을 올렸다. 그중 유가를 포함한 원자재 가격 상승으로 최고의 수혜를 입은 가즈프롬(Gazprom)의 경우, 연간 매출액이 2001년 3,658억 루블(약 14조 6,320억 원)에서 2010년 3조 5,971억 루블(약 143조 8,840억 원)로 10년 사이에 10배 이상 증가했다. 그러나 가즈프롬을 비롯한 러시아의 대표

---

6 러시아 통계청 자료.
7 가즈프롬 35위, 루코일 69위, 로스네프티 179위, TNK-BP 235, 스베르반크 298위, 시스테마 342위, 수르구트네프테가즈 496위.

● 《포춘》 선정 500대 글로벌 기업에 포함된 러시아 기업(2011년)

기업명	500대 기업 순위	본사 위치	매출액(백만 달러)
가즈프롬	35	모스코바	118,657
루코일	69	모스코바	86,078
로즈네프트 오일	179	모스코바	46,304
TNK-BP 인터내셔널	235	모스코바	36,881
스베르반크	298	모스코바	32,066
시스테마	342	모스코바	28,099
수르구트네프테가즈	496	수르구트	19,656

기업들이 양적인 성장만 이룬 것은 아니다. 이들은 양적 성장을 토대로 체질 개선 과정을 거치면서 국제 경쟁력을 갖춘 글로벌 기업으로 거듭나고 있다. 동시에 에너지 원료 등 원자재에만 의존한 기업 발전의 한계를 직시하고 산업 다각화를 위해 노력하고 있다. 이러한 변화는 개별 기업을 넘어서 러시아 전체의 산업 다각화로 이어지는 중이다.

고부가가치 산업으로의 체질 개선

러시아 기업은 기반설비 현대화를 통해 체질 개선 작업을 진행하고 있다. 정부와 민간기업이 합작하여 원유, 가스, 철강 등 기간산업을 현대화하기 위해 노력하고 있는 것이다.

먼저 석유기업의 취약한 정유 수준을 향상시키기 위해 정유시설 선진화에 대대적인 투자를 단행했다. 1,800억 루블(약 7조 2,000억 원) 이상을 투자한 결과 2009년 러시아의 정유업체들은 Euro-3[8] 이상 수준의 목표치를 달성했으며, 2015년까지 이 부문에 5,700억 루블(약 22조 8,000억 원)을 추가 투자하여 2014년부터 Euro-4 이상의 휘발유를 생산할 계획이다. 가즈프롬의 경우 가스 공급의 효율성을 극대화하기 위한 인프라 투자에 총력을 기울여 2020년까지 파이프 용적량을 기존의 60억m³에서 300억m³로 늘릴 예정이다. 이를 위해 사할린과 블라디보스토크를 연결하는 구간에만 4,670억 루블(약 18조 6,800억 원)을 투자하고 있다. 천연가스뿐 아니라 LNG 공급의 효율성 향상에도 많은 힘을 쏟고 있는데 약 1,000만 톤의 추가 저장을 목표로 일본의 이토추상사(伊藤忠商社)와 공동으로 사할린에 첨단 LNG 저장장비를 설치하고, 체코에 약 4억 6,000만 유로 규모의 저장고를 유치할 계획이다.

또한 러시아의 최대 철강기업인 세베르스탈(Severstal)은 부가가치가 낮은 제품 생산이라는 기존의 한계를 극복하기 위해 고부가가치 철강재 생산에 집중 투자하고 있다. 차세대 고장력 강판 프로젝트 FSV(Future Steel Vehicle) 개발을 위해 세계 17개 메이저 철강회사와 공동 연구를 진행하고 있으며, 세베르스탈 미국 지사에서는 무게와 강성에서 기존 제품을 능가하는 신제품 AHSS(Advanced High Strength Steel)[9] 개발에 성공했다. 이러한 노력의 결과 세베르스탈은 2007년에서 2009년까지 3년 연속 WSD(World Steel Dynamics)에서 선정한 세계에서 가장 경쟁력 있는 철강업체로 선정되었다. 이와 같이 러시아의 전통 기업들은 '저부가가치 제품의 대량생

---

8 유럽연합에서 제정한 자동차 배기가스 관련 규정으로 휘발유의 등급을 나타낼 때 사용되기도 한다.
9 AHSS 적용시 무게는 10% 이상 감소하고 연료절감 효과는 연간 3,000만 갤런에 이른다고 한다.

산'이라는 한계를 극복하기 위해 각 분야에서 체질 개선에 힘을 쏟으며 이미 부분적인 성과를 거두고 있다.

기술 개발과 기업 인수를 통한 글로벌화

러시아 기업들은 또한 마케팅을 강화하고 기술을 적극적으로 개발하면서 글로벌화를 추진하고 있다. 주력 기업들의 체질 개선 과정에서 필수요소로 등장한 것이 세계 선진 기업들과의 기술 제휴다. 이러한 제휴는 해외시장 개척이라는 마케팅 차원과 결합하면서 러시아 기업들의 글로벌화를 촉진하고 있다.

가즈프롬의 경우 그리스, 이탈리아, 프랑스 등 남부 유럽 시장을 공략하기 위해 흑해를 통과하는 새로운 가스관 '남류(South Stream)'를 건설하는 과정에서 이탈리아의 ENI, 프랑스의 EDF, 독일의 BASF 같은 글로벌 기업들의 참여를 이끌어냈다. 또한 해외 현지의 가스 개발과 판매에도 참여하기 시작했는데 세계 7위의 가스 매장국인 나이지리아의 천연가스를 사하라 사막을 통과하여 알제리 지중해 연안까지 이어주는 장장 4,000km의 '트랜스-사하라' 프로젝트가 대표적이다.

한편 러시아 기업들은 선진 기업을 인수해 도약하는 스프링보드 전략을 활용하고 있다. 2008년에서 2009년 사이에 원유 수출업체들은 낙후된 정유 수준을 극복하기 위해 다운스트림(원유 수송, 가솔린 정제 등) 부문 강화 정책의 일환으로 유럽 선진국의 대표적인 정유업체들을 인수했다. 루코일(LUKoil)은 네덜란드의 TRN과 이탈리아 ISAB를, 가즈프롬네프트(Gazprom Neft)는 두 개의 세르비아 정

유공장을, 수르구트네프테가즈(Surgutneftegaz)는 헝가리의 MOL을
인수했는데 이 과정에서 투자한 금액이 50억 달러를 상회하는 것
으로 알려졌다.

　세베르스탈 또한 원유 및 가스 기업 못지않은 성과를 거두었다.
전체 매출의 67%를 유럽과 미국 등 해외에서 달성하는 이 기업은
CIS 및 프랑스, 이탈리아, 미국, 일부 아프리카 국가 등에 자회사
를 설립하고 글로벌 마케팅과 기술 개발을 추진하고 있다. 앞서
언급한 AHSS, FSV는 이러한 글로벌화의 대표적인 성과라고 할
수 있다.

　또한 적극적인 M&A를 통해 해외 광산 개발 등 글로벌 자원 확
보에도 총력을 기울이고 있다. 2010년 5월에는 아프리카 콩고와
가봉의 광산 개발 사업권 보유업체인 코어마이닝을, 같은 해 8월
에는 캐나다의 금광업체인 하이리버 골드마인을, 10월에는 기니
광산 사업권 보유업체인 크류 골드의 지분을 인수했다.

　가즈프롬과 세베르스탈 외에도 대부분의 러시아 주력 기업들
은 이미 글로벌 기업의 수준에 도달했다. 2009년에 발표된 'SERI
EMGC(신흥국 글로벌 기업) 200' 리스트에 중국(43개)과 인도(29개)에 이
어 21개 기업이 이름을 올렸다. 그러나 질적인 면에서는 중국과
인도를 이미 압도하고 있다고 봐도 좋다. 이 조사가 실행된 3년
내내 가즈프롬이 1위를 차지하고 있으며, 10대 기업 안에 포진한
기업이 3개로 중국과 동률 1위를, 20대 기업에 포함된 기업은 5개
로 단독 1위를 유지하고 있다.[10]

자원 의존에서 탈피하기 위한 기업의 다각화

러시아의 주력 기업들은 자원 개발이나 에너지 연료 수출에 의존하는 리스크를 절감하고 산업을 다각화하기 위해 노력 중이며, 이는 국가 산업 구조의 다각화로 이어지고 있다.

가즈프롬의 경우, 본업인 자원과 전혀 다른 분야인 항공사(가즈프롬아비아), 언론사(일간지 이즈베스티야와 NTV), 은행(가즈프롬반크) 등 국내외에 20여 개의 기업을 소유하고 있다. 다각화 현상의 가장 가시적인 성과는 2011년 《포춘》이 선정한 500대 글로벌 기업에 자원과 무관한 기업이 두 곳이나 이름을 올렸다는 것이다. 그중에서도 통신 서비스 분야의 지주회사라 할 수 있는 시스테마(Systema)가 118계단이나 상승하여 342위에 오른 것은 러시아의 기업 나각화와 관련하여 매우 의미가 있는 사건이다.

시스테마는 산하에 러시아 최대의 통신 서비스업체인 MTS(Mobile TeleSystems)와, IT를 비롯한 첨단산업의 신성으로 떠오르는 시트로닉스 외에도 의료업체, 기계 설비업체 등 다양한 업종의 기업을 두고 있다. 시스테마의 주된 소득원인 MTS의 경우 1994년 모스크바 지역에서 시작하여 1997년 러시아 전국과 해외로 사업을 확장했다. 그 결과 2009년 12월 말 기준으로 총 1억 240만 명의 가입자를 가진 러시아 및 CIS 지역의 최대 무선통신사업자,

---

10 잠정 집계된 2011년 리스트에는 가즈프롬이 여전히 1위를 지키고 있으며, 10위와 20위 안에 있는 러시아 기업의 수(각각 3개, 5개)는 그대로지만 10위권에 브라질 3개 기업이 진입하고 중국 기업은 단 1개가 남았다. 20위권에 진입한 인도 기업이 5개로 늘어 러시아와 동률을 이루고 있다. 전체적으로 러시아의 수성과 브라질과 인도의 약진이 두드러진 것으로 파악된다(정무섭 외 (2010. 4. 26). "2009년 SERI EMGC 200-신흥국 글로벌 기업의 추격 분석." 이슈페이퍼. 삼성경제연구소).

2008년 FT/밀워드 브라운(Millward Brown)이 선정한 글로벌 100대 브랜드, 2010년 인터브랜드(Interbrand)가 선정한 브랜드 가치 전 세계 72위 기업으로 성장했다.

시스테마가 글로벌 기업으로 성장한 것은 무엇보다 MTS의 글로벌 마케팅과 기술 제휴에 힘입은 바 크다. 2008년에는 동유럽과 CIS[11]뿐만 아니라 세계 최대의 소비시장인 인도로까지 진출했다. 인도의 통신사업자 샤이암 텔레링크(Shyam Telelink)를 인수한 후 MTS 브랜드로 인도 내 총 22개 서비스 지역 중에서 절반이 넘는 12개 지역에 서비스를 공급하고 있는 것이다. 주목할 것은 이 과정에서 러시아 정부가 직접 투자자로 나서 주식의 20%인 7억 달러를 지원했다는 사실이다. 이에 힘입어 MTS는 2008년 세계 최대의 무선사업자인 보다폰(Vodafone)과 전략적 제휴를 맺고 서비스 지역을 공유하고 있으며, 2009년에는 통신 서비스 외에도 휴대폰 단말기 생산, 초고속 인터넷 서비스와 TV 및 전화를 통합한 상품을 출시하는 등 사업 영역 확장과 다각화에 매진하고 있다.

시스테마의 두 번째 주력 업체인 시트로닉스 또한 러시아 정부의 강력한 지원을 받으며 약진했다. 삼성, 소니 등 하이엔드의 글로벌 가전제품에 밀려 저가 가전제품 시장에서 고전하던 시트로닉스는 러시아의 경제 다각화와 선진화 정책에 힘입어 변신에 성공했다. 2006년에 지멘스(Siemens)와 합작 연구센터를 건립하고

---

11 현재 아르메니아, 우크라이나, 벨로루시, 우즈베키스탄, 투르크메니스탄 지역에 서비스를 제공 중이다.

2007년에는 러시아 국가혁신펀드로부터 약 10억 달러를 지원받아 모스크바 근교에 마이크로칩 생산공장을 건설하여 첨단산업을 이끄는 기업으로 떠올랐다.

또한 러시아 정부는 신성장동력인 나노기술을 개발하기 위해 2007년 정부 출자로 나노기술연구소 '루스나노'를 출범시켜, 2009년까지 국제 기술과학 전문가와 기술과학위원회의 심의를 거쳐 61개의 프로젝트를 최종 선정한 후 이를 전폭적으로 지원하고 있다. 경제 다각화를 위한 러시아 정부의 이러한 노력은 2010년 출범한 러시아형 실리콘밸리인 '스콜코보 건설 프로젝트'에서 정점에 이른다. 연간 10억 달러 이상의 정부 투자로 진행되는 이 초대형 프로젝트는 IT산업, 우주산업, 의료 및 제약산업, 에너지 효율 산업, 원자력산업 등 5대 혁신 산업을 집중 육성하기 위해 애플, 인텔, 구글 등 해외 유수 업체들의 참여를 유도하고 있다.

러시아 기업의 비상은 한국 기업의 새로운 가능성

지난 10년간 러시아의 기업과 산업은 고유가를 기반으로 양적 성장을 달성했을 뿐만 아니라, 기술 현대화를 통한 체질 개선, 글로벌화를 통한 기술력과 마케팅 능력의 신장, 다각화를 통한 경쟁력 강화를 이루어냈다. 이러한 과정은 한국 기업에 새로운 시장 개척의 가능성을 제시한다.

규모 면에서 엄청나게 성장한 가즈프롬의 경우, 직원 수만 해도 40만 600명(2010년 12월 기준)으로 러시아인 300명 중 1명이 이 기업에 근무한다고 해도 과언이 아니다. 이는 또 하나의 거대한 소비재 시장을 만들어내고 있다. 러시아의 소비재 수준이 아직 거대 기업 노동자들의 눈높이를 맞추지 못하고 있는 실정이기 때문에 국내 소비재 생산업체에게 이들은 훌륭한 마케팅 대상이 될 수 있다. 러시아 주력 기업들의 기반설비 현대화와 첨단산업의 집중 육성 역시 이 분야에서 비교우위를 가진 한국 기업들에 또 다른 투자와 시장 개척의 기회를 제공한다. 러시아 정부는 이와 관련하여 이미 한국 정부와 기업에 적극적인 협조를 구한 바 있다.[12] 더불어 러시아 기업들은 여러 분야에서 공동 지분 참여 등 다양한 협력의 가능성을 제공한다. 인도 시장에서 통신 서비스를 절반 이상 장악한 MTS와의 제휴를 통해 이 지역 IT 상품 시장을 확장하는 것도 경협의 좋은 예가 될 것이다.

---

12 2010년 서울을 방문한 러시아 대통령 경제보좌관 드보르코비치는 러시아의 실리콘밸리 스콜코보에서 한국 기업과 공동으로 하이테크 제품을 생산하고 한국의 우수한 기술과 노하우를 실현할 것을 제안했다(연합통신 (2010. 10. 15)).

넥 스 트 차 이 나

4 | 동남아시아 기업: 구조조정과 혁신으로 새로운 기회에 대비한다

동남아시아의 기업들은 1990년대 말 외환위기로 큰 타격을 입었다. 환율이 급격히 상승하여 외채 상환 부담이 가중되었고, 수요가 감소하면서 매출도 줄었다. 부실채권의 증가로 인도네시아, 태국 등 화교가 소유한 은행 대부분이 구조조정 대상이 되어 해외에 매각되거나 국유화되었다.

동남아시아 최대의 기업 집단이었던 인도네시아의 살림(Salim) 그룹은 자회사인 인도네시아 최대 은행 BCA은행을 정부에 넘겨야 했고, 최대 시멘트업체였던 인도시멘트를 외국에 매각했다. 즉석면업체인 인도푸드만 간신히 살아남았다.

태국의 금융자본도 부실자산의 증가로 매각되거나 국유화되었다. 최대의 화교 기업인 CP그룹이 해외에 자산을 매각하고 구조조정을 단행했다. 말레이시아에서는 말레이인, 즉 부미푸트라 자본이 투자되었던 르농그룹이 거의 해체되었다. 그러나 신흥시장의 부상과 함께 동남아시아의 기업들이 다시 부상하고 있다.

동남아시아 기업의 세 가지 유형

동남아시아 기업은 크게 세 가지 유형으로 분류할 수 있다. 첫째는 정부가 직접 소유하거나 간접적으로 통제하는 기업이다. 싱가포르와 말레이시아의 정부 연계 기업(GLC, Government Linked Corporation)이나 인도네시아와 태국의 국영기업이 여기에 해당된다. 정부 연계 기업들은 주로 국가 기간산업을 맡고 있다. 세계에서 가장 효율성이 높다는 싱가포르항공, 싱가포르텔레콤, 그리고 말레이시아에서 세계 최대의 팜오일 플랜테이션을 소유하고 있는 사임다비(Sime Darby), 석유회사 페트로나스, 태국 왕실이 최대 주주인 시암시멘트(Siam Cement)그룹, 인도네시아의 국영 석유회사 퍼르타미나 등이 모두 이 유형에 속한다.

둘째는 화교들이 장악하고 있는 기업이다. 동남아시아에서는 작은 구멍가게도 다 화교의 것이라고 할 정도로 화교 기업이 많다. 이들은 부동산, 금융, 호텔, 유통 등 주로 서비스산업을 중심으로 다양한 분야에서 활동하고 있다. 싱가포르의 UOB, OCBA, OUB 등 주요 은행, 말레이시아의 홍륭그룹 및 로버트 콱 그룹, 겐팅그룹, 인도네시아의 살림그룹, 태국의 CP그룹 등 화교 기업의 수는 헤아리기 어려울 정도다.

셋째는 다국적기업의 현지 자회사다. 동남아시아 경제가 1960년대 이후 수입 대체 공업화를 취하면서 많은 다국적기업이 수입 장벽을 우회하기 위해 이 지역에 진출했고, 1980년대 중반부터는 저렴한 생산비를 활용하기 위해 투자했다. 동남아시아 주요국에서 다국적기업이 제조업 부문을 장악하고 있다. 싱가포르와 말레이시아에 자리한 미국과 유럽의 반도체 기업, 말레이시아에 있는 마쓰시타그룹과 삼성그룹, 태국의 도요타 등이 대표적이다.

과거의 영광 되찾는 정부 연계 기업

외환위기로 1차 자원과 서비스에 대한 수요가 감소하면서 타격을 입은 말레이시아와 태국의 정부 연계 기업은 2000년 이후 자원 가격의 상승에 힘입어 매출과 수익이 증가했다.

말레이시아의 대표적인 기업 집단이자 정부 연계 기업인 사임다비는 플랜테이션을 비롯해 제조업, 부동산, 중장비, 에너지 등 다양한 분야에서 활동하고 있는데, 1999년 99억 링깃(약 3조 5,000억 원)에 불과하던 연 매출이 2007년에 이르러 207억 링깃(약 7조 2,000억 원)으로 회복되었다. 더구나 정부는 사임다비의 플랜테이션 경쟁력을 높이기 위해 2007년 3개의 플랜테이션업체를 합병했고, 이를 통해 사임다비는 세계 최대의 팜오일 플랜테이션을 소유하게 되었다. 합병된 사임다비의 매출은 2010년 328억 링깃, 우리 돈 약 11조 원으로 증가했다. 실제로 사임다비가 주도하는 팜오일산업은 2008년 말레이시아 경상 GDP의 6.3%를 차지했으며 이는 6.9%인 전자산업의 GDP 비중을 약간 밑도는 수치이다. 그러나 말레이시아 정부는 2020년에 이르면 팜오일산업의 비중이 12.2%

에 이를 것으로 전망하고 있다.

태국의 시암시멘트도 1990년대 이전의 영광을 되찾고 있다. 1920년대에 태국 왕실이 설립한 시암시멘트는 여전히 왕실이 30% 이상의 지분을 소유하고 있다. 시멘트에서 시작했지만 현재는 부동산, 자동차 부품, 석유화학, 제지 등 다양한 산업으로 사업을 확대하면서 태국의 국민 기업 역할을 하고 있다. 1990년대 초반에는 일본의 자동차업체들과 합작하여 부품산업에 진출하기도 했으나 외환위기 이후 프로젝트를 중단하거나 합작 파트너에게 지분을 매각했다. 그러나 태국 경제의 안정적 성장과 함께 과거의 영광을 회복하면서 태국에서 가장 존경받는 기업으로 다시 태어났다. 그동안은 내수 산업의 성격이 강했으나 국내 시장의 한계를 돌파하기 위해 해외 진출을 추진하는 중이다. 2009년에는 베트남에 포장용지 공장을, 2010년에는 골판지 상자 공장을 설립했다. 2011년 현재 시암시멘트는 베트남의 석유 및 가스 그룹, 국영 화학사와 합작하여 일관(一貫) 종합 석유화학 단지를 건설하기 위한 타당성 분석을 진행하고 있다.

중국의 내수 성장과 함께 떠오르는 화교 기업

외환위기로 가장 큰 타격을 받았던 화교 기업도 중국과의 협력이 다시 확대되면서 주목받고 있다. 태국 최대의 화교 기업 집단인 CP그룹은 1990년대 중반까지 중국에 가장 많은 투자를 한 다국적기업으로, 하버드 경영대학원에서도 중국 진출 사례로 연구된 바 있다. 외환위기 이후 중국 사업의 상당부분을 매각하거나 철

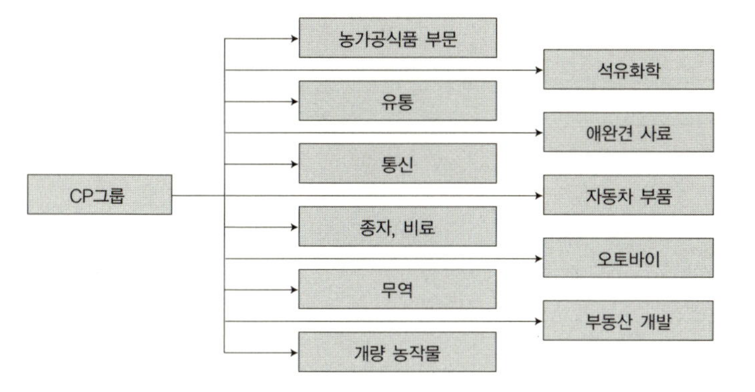

수했으나 최근에는 다시 적극 추진하고 있다. CP그룹은 2010년 날 현재까지 중국에 60억 달러 이상을 투자하여 213개에 이르는 자회사를 설립했다. 이들 자회사에 근무하는 종업원 수는 8만 명, 매출 규모는 500억 위안(약 10조 원)에 달한다. CP그룹은 중국의 31개 성 중 29개 성에 100개 이상의 복합사료 공장과 부화, 양계, 가공 등 일관 체제를 갖춘 5개의 가금사업을 운영하고 있으며 중국 내에 75개 이상의 대형마트인 로터스슈퍼센타(卜蜂蓮花)를 두고 있다. 또한 상하이에서 중국 최초의 대형 쇼핑몰이자 엔터테인먼트 복합 몰인 슈퍼브랜드몰을 운영 중인데, 중국의 내수 성장과 함께 계속해서 빠르게 성장할 것으로 예측된다.

빠르게 성장하고 있는 신사업 활용 기업

새로 형성된 산업 분야에서 빠른 속도로 성장하는 기업도 있다. 말레이시아에서 가장 존경받는 기업 순위 상위에 랭크되어 있는 디지닷컴(Digi.com)과 맥시스(Maxis)는 모두 이동통신 서비스업체로 1990년대 중반에 무선통신 보급과 함께 문을 열었다. 이들은 빠르게 성장하는 말레이시아의 IT 부문을 선도하면서 혁신적인 서비스를 제공하며 발전하고 있다.

전통 산업에서도 혁신 기업이 등장했다. 대표적인 기업이 말레이시아의 저가 항공사인 에어아시아(AirAsia)다. 아시아 최초의 저가 항공사인 에어아시아는 말레이시아의 국적 항공사인 말레이시아항공보다 더 성공한 기업이 되었다. 말레이시아항공이 7,950만 달러의 적자를 기록한 2011년 1/4분기에 에어아시아는 5,670만 달러의 순이익을 거두었다. 에어아시아는 동남아시아 전체로 네트워크를 확대하면서 말레이시아의 관광산업에 기여하고 있으며, 동시에 동남아시아 경제의 통합에도 큰 역할을 하고 있다. 말레이시아항공도 한국에 데일리편(1일 1편)을 띄우지 못하고 있는 상황에서 에어아시아는 데일리로 운항되고 있다.

동남아시아 기업과 유대관계를 강화하라

이처럼 동남아시아 기업은 구조조정, 중국의 성장, 새로운 산업 조류의 활용 등으로 외환위기 이후 다시 부활하는 중이다. 이제 동남아시아 기업들은 새로운 기회를 맞고 있다.

첫째, 중국 기업의 동남아시아 진출이 증가하면서 화교 기업들이 기회를 얻게 될 것이다. 중국은 넘쳐나는 외환보유고의 효과적인 활용, 기업의 국제화를 통한 경쟁력 제고, 시장의 창출, 기술 획득 등을 위해 기업의 해외 진출을 장려하고 있다. 외국인 투자를 유치하기만 했던 중국이 변하고 있는 것이다. 그런 중국 기업에게 동남아시아는 가장 쉽게 진출할 수 있는 지역이다. 과거 중국의 개방과 함께 중국 진출의 선봉 역할을 했던 화교 기업들이 이제는 중국 기업에게 동남아시아 시장 진출을 가이드하는 역할을 하게 될 것이다.

둘째, 3·11 대지진 이후 다시 동남아시아로 진출을 꾀하는 일본 기업과의 협력에서 기회를 얻게 될 것이다. 일본 기업은 1960년대 이후 단독 혹은 화교 기업과의 협력을 통해 동남아시아에 진출하여 전자, 자동차, 섬유산업을 육성했다. 그러나 외환위기 이후 신규 투자를 중단하고 중국으로 투자를 전환했다. 대지진 이후 일본의 조립 기업들은 해외 서플라이 체인망의 필요성을 절감했다. 기술 이전에 대한 우려로 중국 진출을 피하는 상황에서 일본의 자회사와 합작투자가 많은 동남아시아는 가장 유력한 진출기지가 될 것이다. 일본의 전자, 자동차 부품 기업이 동남아시아 투자를 확대할 경우 동남아시아 기업들은 다시 한 번 일본 기업과 협력을 강화할 수 있게 된다.

셋째, 말레이시아 등 일부 국가에서 적극적으로 추진되는 국영기업의 민영화도 기회가 될 수 있다. 외환위기를 거치면서 태국과 인도네시아는 정부가 통제하게 된 기업들의 자산을 매각한 바 있다. 국영기업의 민영화는 정부의 재정 부담을 줄이고 기업의 효율을 제고하는 수단으로 활용된다. 이와 같은 민영화는 동남아시아 내의 화교 기업과 다국적기업에 일정 지분의 인수 기회를 제공할 것이다.

● **2010 동남아시아에서 존경받는 기업 순위**

	싱가포르	말레이시아	태국	인도네시아	필리핀
1	싱가포르항공	퍼블릭은행	시암시멘트	아스트라	졸리비식품
2	싱가포르텔레콤	네슬레말레이시아	CP 식품	유니레버인도네시아	산미겔
3	OCBC은행	디지닷컴	PTT	BCA은행	아얄라코퍼레이션
4	DBS은행	맥시스	카시콘은행	인도푸드	글로브텔레콤
5	싱가포르프레스	겐팅	시암상업은행	만디리은행	필리핀아일랜드은행

자료: *Wall Street Journal*

이런 상황에서 한국 기업도 최근 다시 동남아시아에 주목하고 있다. 과거 제조업에 집중되었던 동남아시아 투자가 서비스 부문으로 확대되고 있는 것이다. 그러나 중국과 일본에 비하면 아직 동남아시아 기업과의 유대관계는 약한 편이다. 지금부터라도 기존 제휴 기업과의 관계를 점검하고, 새로운 제휴선을 발굴하기 위한 노력이 필요하다. 또한 민영화를 추진하는 기업과의 협력 방안도 모색해야 할 것이다.

5 아프리카 기업: 검은 대륙의 숨은 강자들

아프리카 경제가 2000년과 2008년 사이 연평균 5%대의 성장률을 기록하면서 아프리카 기업들도 성장세를 이어가고 있다. 2002년과 2007년 사이에 상장된 954개 아프리카 기업들의 자본수익률은 중국, 인도, 인도네시아, 베트남 기업들에 비해 65%에서 70% 정도 높은 것으로 나타났다.[13] 새로운 신흥시장으로 떠오르면서 아프리카에 대한 관심은 커졌지만 그에 비해 기업에 대한 정보는 턱없이 부족한 것이 현실이다. 아프리카 기업이 성장하는 원인과 향후 전망에 대해 살펴보자.

---

13 Collier, P. and Warnholz, J-L.(2009.) "Now's the time to invest in Africa". *Harvard Business Review*. http://hbr.org/web/2009/hbr-list/now-the-time-to-invest-in-africa.

아프리카에 부는 변화의 바람

아프리카 기업이 부상한 데에는 몇 가지 요인이 있다. 먼저, 저가 노동력과 국제 원자재 가격 상승이 중요한 역할을 한 것으로 분석된다. 또한 2000년대에 들어 경제가 성장하면서 소비자들의 구매력 확대와 내수 활성화, 그리고 사업환경 개선을 위한 아프리카 정부들의 지속적인 노력도 중요한 요인이 되었다. '치타 세대(Cheetahs)'의 부상 역시 빼놓을 수 없다. 가나의 경제학자인 조지 아이테이(George Ayittey) 교수는 아프리카의 신세대를 치타 세대라고 명명했다. 기성세대인 '하마 세대(hippos)'와 달리 정부와 국제 원조에 의존해 살아가길 거부하고 밝은 미래를 스스로 개척해 나가고자 하는 젊은 세대를 가리키는 말이다.[14] 다시 말해, 아프리카의 불행이 식민주의, 즉 서방 국가들의 탓이라 불평하기보다는 아프리카 사회의 부족함을 자각하고 이를 사업 기회로 바라보는 도전정신이 비즈니스 붐으로 연결되었다고 할 수 있다.

남아프리카공화국의 대표 기업

남아프리카공화국의 3대 비금융권 기업은 사솔(Sasol), MTN그룹, 비드베스트(Bidvest)다. 남아프리카공화국의 다변화된 경제를 반영하듯 이 기업들은 화학, 텔레콤, 물류 등 다양한 분야에 포진하고 있다. 그 외의 주요 기업들은 주로 광물업에 집중되어 있다.

---

14 "Why Africa needs 'cheetahs,' not 'hippos'" (2010. 9. 6). CNN- African Voices.

사솔

1950년에 설립된 사솔은 세계 최고의 석탄 및 가스 액화 기술을 보유한 회사다. 남아프리카공화국에서 석탄, 모잠비크에서 가스, 가봉에서 석유를 채취하고 자국은 물론 유럽, 아시아, 아메리카 대륙에서 제품을 생산하는 등 이미 글로벌화를 통해 전후방 산업의 통합을 추진하고 있다. 여기에 중국과 인도에 석탄 액화 플랜트를, 우즈베키스탄에 가스 액화 플랜트를 추가 설립하는 방안도 검토 중이다. 사솔의 매출은 2000년대의 국제 유가 상승에 힘입어 4배 이상 증가했다. 이를 바탕으로 기술 개발 투자를 확대했고 그 결과 2010년 요하네스버그에서 케이프타운까지 세계 최초로 100% 합성항공유를 사용한 민간기 시험 비행에 성공했다. 이 같은 사솔의 획기적인 발명과 과감한 도전은 앞으로도 계속될 것으로 보인다. 당분간 고유가가 유지될 것으로 예상되는 가운데 기업들은 기술 개발 부문에서 사솔과의 협력을 강화해 에너지 확보에 나서야 할 뿐만 아니라, 그들의 혁신전략을 다른 산업에 도입하는 방안도 고려해야 할 것이다.

MTN그룹

MTN그룹은 2011년 3월 기준으로 아프리카와 중동 21개 국가에서 총 1억 4,700만 명의 휴대폰 가입자를 보유하고 있는 아프리카 최대의 통신회사다. 경제성장과 함께 아프리카 전체 휴대폰 가입자가 2005년 8,700만 명에서 2010년 3억 6,000만 명으로 급증하면서, MTN그룹의 매출도 43억 달러에서 172억 달러로 4배나 증가했다.[15] MTN그룹은 남아프리카공화국 중심의 남동부 아프리카, 나이지리아 중심의 서부 아프리카, 이란 중심의 MENA를 집중적으로 공략하고 있다. 각 중점 국가에서 MTN그룹의 시장 점유율은 36%, 52%, 44%를 기록하고 있으며, 앞으로도 계속 성장할 전망이다. 일례로 나이지리아에서는 MTN 휴대폰 가입자가 2007년 1,650만 명에서 2010년 3,870만 명으로 2배 이상 증가했는데, 아직도 가입률은 49%에 불과해 성장 잠재력이 매우 큰 것으로 분석된다. 2015년에는 휴대폰 가입률이 70%대로 증가하여 총 가입자 수가 1억 2,000만 명에 이를 것으로 예상된다.[16] 교두보 국가를 중심으로 지역별 진출을 꾀하고 도시 인구가 낮은 국가에서는 유통 역량을 강화하여 비도시 인구를 공략하는 MTN그룹의 전략은 아프리카 진출을 모색하는 기업에게 지침이 될 것이다.

비드베스트

비드베스트는 전 세계에 10만 4,000명을 고용하고 있는 초대형 종합물류기업이다. 다양한 운송 분야에 진출해 있고 금융, 보안, 세탁 등의 서비스도 제공하고 있다. 또한 아프리카에 총 116개의 자동차 판매장을 갖고 있는 딜러회사 중 하나이기도 하다. 대표 계열사인 식료품 유통회사 비드베스트푸드서비스는 2010년 그룹 매출의 절반을 담당한 남아프리카공화국의 대표 글로벌 기업

---

15 International Telecommunication Union(2011). "Key Global Telecom Indicators for the World Telecommunication Service Sector".
16 MTN Group(2011). "MTN Group Limited Integrated Report for the year ended 31 December 2010".

이다. 현재 영국, 벨기에 등 유럽 6개국, 중국, 호주 등 아시아 4개국, 중동 2개국에 진출하여 해외 매출이 90%를 상회한다. 2009년에는 동유럽의 노와코그룹을 인수하는 등 신흥시장 진출에도 힘을 쏟고 있다. 비드베스트는 현재 남아프리카공화국 등 총 7개 남부 아프리카 국가에서 기업들에게 안정적인 물류 서비스를 제공하고 있다. 아프리카에 진출하고자 하는 기업은 네트워크 파워를 갖고 있는 비드베스트와 협력을 강화할 필요가 있다.

앵글로골드 아샨티와 임팔라 플래티넘

남아프리카공화국은 대표적인 광물자원 매장국이다. 전 세계 플래티넘의 95%와 크롬의 37%가 남아프리카공화국에 매상뇌어 있고 금과 사업용 다이아몬드도 각각 12%씩 매장되어 있다. 더불어 바나듐 등 희소 금속 광산도 활발히 개발되고 있어 한국을 비롯한 다수의 국가들이 희토류 확보를 위해 남아프리카공화국에 투자를 확대하고 있다. 남아프리카공화국에는 풍부한 광물 자원을 기반으로 한 광물회사들이 다수 포진해 있다. 앵글로골드 아샨티(AngloGold Ashanti Limited)는 금광 개발업체로 현재 남아프리카공화국을 포함한 10개국에서 금을 채굴하고 있으며, 많은 국가에서 광물 탐사를 진행하고 있다. 2011년 2분기에는 글로벌 금융위기에 따른 금값 상승으로 인해 3억 4,000만 달러라는 사상 최대의 매출을 기록했다. 지속되는 금값 상승과 생산 역량 확대를 기반으로 견고한 성장세를 유지할 것으로 예상된다.

　임팔라 플래티넘(Impala Platinum)은 남아프리카공화국과 짐바브

웨에서 백금, 니켈, 구리, 코발트를 채굴하는 회사다. 향후 넥스트차이나 국가의 성장과 함께 금속 수요가 급격히 증가하면 투자를 적극적으로 확대할 것으로 보인다. 한국 정부와 기업들은 이들과의 중장기 협력을 강화하여 계속해서 심화될 원자재 확보 경쟁에 대비해야 한다.

나이지리아의 대표 기업, 단고테그룹

나이지리아의 대표 기업은 단연 단고테그룹(Dangote Group)이다. 1981년에 설립된 단고테그룹은 아프리카 최대의 산유국인 나이지리아의 대표 제조기업으로 나이지리아 시가총액의 약 4분 1을 담당한다. 1980년대 나이지리아는 거의 모든 소비재를 수입에 의존하고 있었다. 당시 알리코 단고테(Aliko Dangote) 회장은 무역업을 하고 있었으나, 높은 수입 의존도를 개선하고 일자리를 창출하려면 제조업 육성이 필요하다고 생각하여 1990년대 말 제조업에 뛰어들었다. 1999년에 밀가루, 2000년에 설탕 생산에 이어 현재는 각종 식료품과 철강, 시멘트를 생산하고 있다.

특히, 단고테시멘트는 아프리카 최대의 시멘트 공장을 갖고 있으며 나이지리아에서 50% 이상의 시장 점유율을 확보하고 있다. 이미 12개 아프리카 국가에 생산기지를 두고 있고, 급증하는 아프리카 인프라 시장의 수요를 충족시키기 위해 2010년 말에는 남아프리카공화국에 1억 1,000만 달러를 투자해 시멘트 공장을 설립했다. 더불어 2011년 4월에는 향후 시멘트 사업에 39억 달러를 투자하여 더욱 낮은 가격에 시멘트를 공급하겠다는 계획을 발표했다.

알리코 단고테 회장은 2011년 6월, 이런 장기적 안목과 국가 개발에 기여한 공로를 인정받아 '올해의 아프리카 비즈니스 리더'에 선정되었다. 현재 138억 달러의 재산을 보유한 그는 아프리카 1위, 세계 51위의 갑부이기도 하다. 단고테 회장의 사업 다각화 전략은 아직도 진행 중이다. 최근에는 아프리카에 최대 규모의 비료공장을 설립하기로 결정했고, 2007년에 이미 텔레콤 사업 진출을 위한 허가도 받아둔 상태다.

또한 2011년에 나이지리아 대통령에 취임한 굿럭 조너선(Goodluck Jonathan) 대통령이 대규모 민영화를 계획하고, 오일머니를 경제발전에 지속적으로 투자하기 위해 국부펀드를 설립하는 등 신기업 정책을 펴면서 단고테그룹을 비롯한 나이지리아 기업의 성장은 계속될 것으로 보인다.[17]

협업 강화하고 생산기지 진출 기회로 활용하라

현재 원자재뿐 아니라 다양한 분야에서 내공을 쌓고 있는 아프리카 기업들은 앞으로도 지속적인 성장이 예상된다. 뿐만 아니라 아프리카에서 네트워크와 물류 서비스를 제공하고 있어 글로벌 기업들의 '다리' 역할도 톡톡히 할 것으로 기대된다. 중국 등 주요 생산기지의 임금이 상승하고 아프리카 소비시장이 빠르게 확대되면서 앞으로 많은 생산기지가 아프리카에 건설될 것이다. 이

---

17 "Nigeria's prospects: A man and a morass" (2011. 5. 26). *The Economist*.

미 포드, 벤츠 등 글로벌 자동차회사들이 남아프리카공화국에서 생산 역량을 확대하고 있다.[18] 따라서 기업들은 아프리카 시장의 사업환경 변화를 주시하면서 아프리카 기업과의 협업 기회나 생산기지 설립 기회 등을 활용하는 것이 바람직하다. 특히 아프리카 국가의 경제개발과 산업 다각화 정책을 고려해 현지 기업과의 동반성장 전략을 펼쳐야 할 것이다.

18 "Leap of faith for South Africa's carmakers" (2011. 6. 6). *Financial Times*.

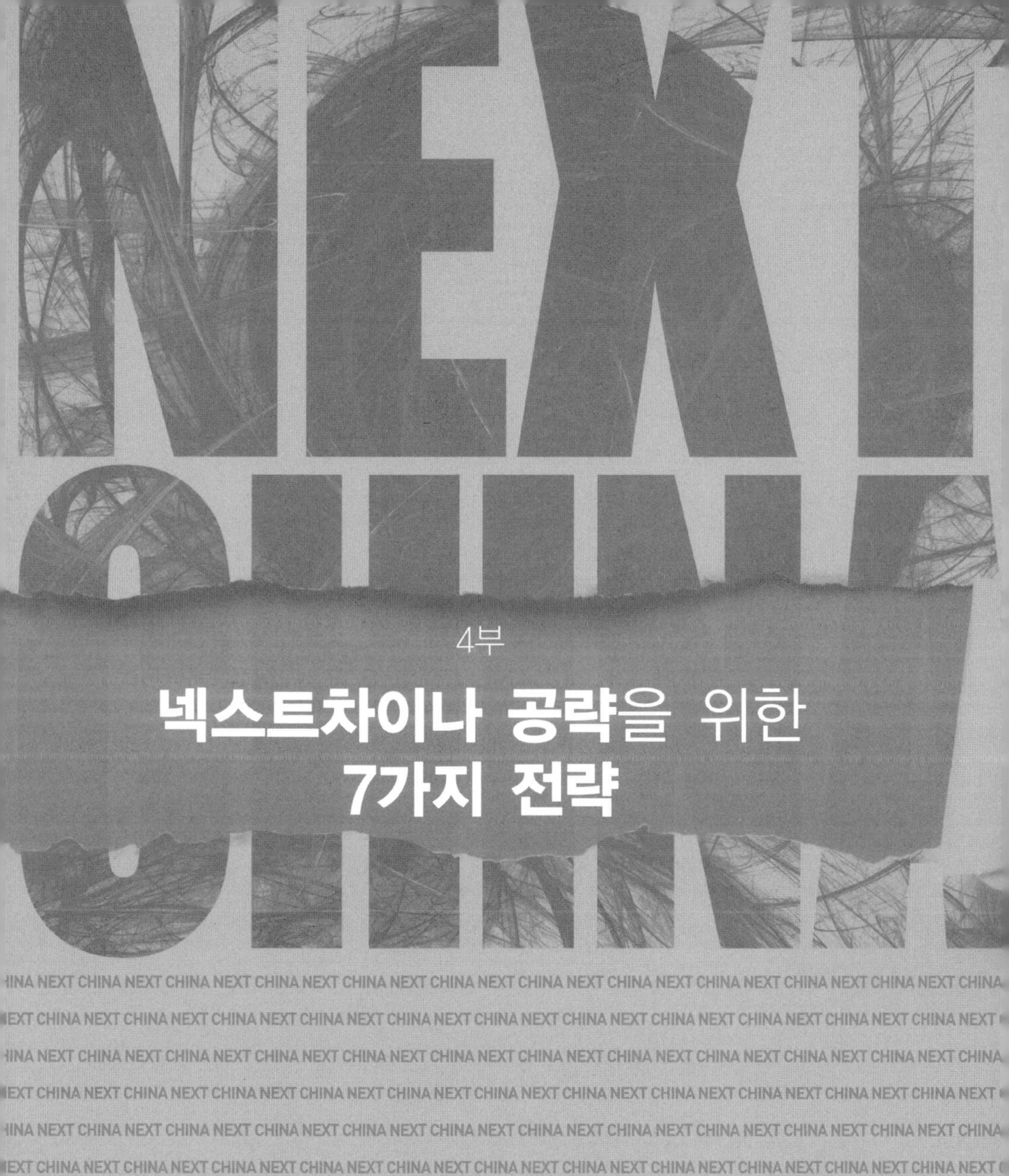
4부
넥스트차이나 공략을 위한
7가지 전략

넥스트차이나 진출의 3대 키워드: 이해·특화·상생

현재 넥스트차이나 국가들은 세계경제의 기관차 역할을 하고 있다. 주요 자원 공급처이자 제품 생산기지일 뿐만 아니라, 거대한 인구를 바탕으로 대규모 소비시장으로 성장하고 있기 때문이다. 넥스트차이나 시장으로의 진출은 글로벌 경제의 저성장 기조로 어려움이 예상되는 한국 수출의 숨통을 터줄 것이다. 이것이 바로 중국과 더불어 급성장하는 넥스트차이나를 주목해야 하는 이유이다.

넥스트차이나 시장을 효과적으로 공략하기 위해서는 선진국 시장과는 다른 접근방법을 사용해야 한다. 이를 위해 넥스트차이나 시장의 진출전략을 이해(knowledge)·특화(edge)·상생(mutualism)이라는 세 가지 키워드로 정리해보았다.

그동안 선진국과의 경제관계를 중시하며 성장한 한국에게 넥스트차이나는 역사, 문화, 종교 등 많은 면에서 생소한 국가들이다. 따라서 그들의 역사, 종교, 사회문화, 소비자의 구매 행태와 사용습관, 지역별 특성 등을 심층적으로 파악할 필요가 있다. 특히 막연한 환상보다는 장단점을 객관적으로 바라보는 균형 잡힌 시각이 중요하다. 지금도 많은 기업들이 현지 정보 수집을 강화하고 현지 전문가 양성에 투자를 확대하는 것도 바로 이런 이유 때문이다.

넥스트차이나 국가들은 높은 경제성장률과 더불어 규제 완화, 거대 소비계층, 인프라 개발, 도시화, 기초 제품 및 서비스 수요, 풍부한 인적자원 등의 메리트를 갖고 있다. 그만큼 사업 기회가 많은 매력적인 시장이다. 하지만 기회가 많은 만큼 리스크도 적지 않다. 일반적으로는 부정부패와 정치적 불확실성이 크고, 인플레이션, 환율, 경상수지 적자 등 거시경제 펀더멘털도 취약하다. 또한 지적재산권 보호제도는 물론, 교통과 금융 등 전반적인 인프라가 미흡하고 유통망도 부족하다. 한마디로 말해 사업하기 힘든 환경이다.

세계은행이 매년 전 세계 183개국의 사업환경을 비교한 결과를 봐도 이러한 사실을 확인할 수 있다.[1] 따라서 기업은 넥스트차이

---

1 세계은행의 기업환경평가보고서 "두잉비즈니스(Doing Business)"에 따르면 지역별 평균 순위는 OECD 선진국 30위, 동유럽 및 중앙아시아 72위, 아시아태평양 87위, 중남미 및 중동 · 북아프리카(MENA) 96위, 동남아시아 117위, 아프리카 137위 등이다.

나 진출에 앞서 리스크 요인을 철저히 파악하여 사업에 미칠 영향을 분석하고, 이를 극복할 수 있는 방안과 사업 성공 여부를 종합적으로 점검할 필요가 있다.

특화: 지역화 전략과 선점 전략을 병행하라

넥스트차이나 시장은 각국 별로 독특한 특성을 갖고 있다. 낮은 가격, 사용 편리성, 최신 기술 등 나라마다 선호하는 조건도 다르다. 따라서 진출국의 상황을 감안한 맞춤전략, 다시 말해 특화전략이 요구된다. 구체적으로는 '지역화' 전략과 '선점' 전략을 들 수 있다.

기업은 제품 기획과 설계 단계에서부터 각국 특유의 문화와 전통, 경제발전 정도를 반영한 제품을 개발해야 하다. 바로 지역화 전략이다. 일본의 전자업체 파나소닉(Panasonic)은 전력 사정이 좋지 않은 인도네시아의 현지 상황을 고려하여 2009년부터 전기를 덜 쓰는 냉장고, 세탁기, 에어컨 등의 가전제품을 생산해 좋은 성과를 얻었다.

다만 지역화 전략에만 치중할 경우, '규모의 경제' 우위와 글로벌 브랜드의 이점을 상실할 수 있다. 글로컬라이제이션(glocalization) 전략[2]과 역혁신(reverse innovation) 전략[3]은 이 두 마리 토끼를 동시에

---

2 gobalization(글로벌화)과 localization(현지화)을 합성한 조어로, 글로벌화를 추구하면서 동시에 현지 국가의 기업 풍토를 존중하는 경영방식을 뜻한다.
3 신흥국 시장의 저비용 비즈니스 모델을 선진국 시장에도 적용하는 것으로, 신흥국 시장을 겨냥해 개발한 저가의 단순 제품을 선진국 시장에 투입하는 경영방식을 말한다.

잡을 수 있는 묘책이라 할 만하다. GE는 글로컬라이제이션 전략 덕분에 넥스트차이나 시장에서 15~20%의 높은 사업 성공률을 거둘 수 있었고, 최근에는 신흥국에서 개발된 제품을 미국 등 선진국에 판매하는 역혁신 전략을 구사하고 있다.

선점 또한 중요한 전략이다. 글로벌 금융위기 이후 전 세계 기업들이 앞다투어 신흥국 시장을 공략하고 있다. 경쟁에서 이기려면 이들보다 한발 먼저 움직여야 한다. 거대 도시에서 중소도시로, 더 나아가 농촌 지역으로 사업 영역을 넓혀 나가는 '지역 선점' 전략과 함께 경제발전과 소득 증가를 예측하여 미래 성장 분야에 진출하는 '기회 선점' 전략을 구사해야 한다. 이를 위해서는 단기적인 성과에 연연하기보다 긴 호흡을 가지고 장기 목표를 지향하는 안목이 요구된다.

상생: 공존공영의 정신으로 함께 성장하라

많은 신흥국이 과거에 식민통치를 경험했고 현재보다 앞으로의 성장 잠재력이 중시된다는 점에서, '상생'은 한국에게 보다 유리한 전략이라 할 수 있다. 선진국과 신흥국의 가교 역할을 하면서 경제발전 경험을 공유할 수 있기 때문이다.

상생을 위해 구사할 수 있는 전략은 세 가지다. 첫째는 현지 정부와의 공존공영이다. 대부분의 신흥국들은 빠른 경제성장에도 불구하고 여전히 저개발 또는 초기 경제개발 단계에 머물러 있다. 기술과 자본 측면에서 경쟁우위가 있다고 하여 일방적인 이익만 추구하다가는 현지인의 반감을 살 수 있다. 따라서 기업은 신흥국을 지원한다는 공존공영의 관점에서 접근해야 한다. 그러나 기업이 독자적으로 실행하기는 쉽지 않다. 이 경우 기업과 정부가 힘을 모아 해당 정부의 경제개발정책과 연계해 사업을 추진하는 '컨트리마케팅 전략'[4]이 도움이 될 수 있다.

컨트리마케팅이란 자원 개발과 인프라 건설 등 해당국의 경제발전에 기여하면서 장기적이고 안정적인 수익을 확보하는 비즈니스 모델[5]이다. 1990년대에 국내 종합상사들이 시도한 바 있으나 그 당시는 너무 앞서가는 느낌이 없지 않았다. 이제는 이 전략이 효력을 발휘할 적기라 생각된다.

컨트리마케팅 전략은 '팔고 빠지는' 방식의 단기 수익성 사업 방식을 지양하고, 해외 진출사업 자체를 입체적으로 설계하여 해당 국가에 필요한 경제적 도움을 주고 기업의 입장에서는 장기적 사업기반을 공고히 하는 전략이다. 기존의 해외 진출사업이 개별 기업 단위로 사업을 추진하여 '부분 최적'을 추구했다면, 컨트리마케팅은 국가 차원에서 종합적인 사업을 전개하여 '전체 최적'을 추구하는 종합적인 전략이라 할 수 있다.

컨트리마케팅 전략은 특히 요소 주도형에서 효율 주도형으로 넘어가는 발전단계의 국가에게 적합하다. 그동안 저임금 노동력과 천연자원에 의존하여 성장했으나, 지속적인 경제성장을 위하

---

4 단기 이익만 보고 회사별로 해외에 진출하는 것이 아니라, 경제발전에 도움을 주면서 전체적인 관점에서 수익을 높이고 장기적으로 사업기반을 구축할 수 있도록 관련 사업을 하나로 묶어 해당 진출국에 일괄 제공하는 해외 진출전략을 말한다. 자금, 인력, 생산 관리 등 모든 부문의 역량을 패키지로 묶어 해당 진출국에 제공하며 특정 국가별로 사업을 전개한다는 의미에서 '컨트리'란 단어를 붙였다.
5 보다 자세한 내용은 이 책 4부의 '4 복합형 진출전략을 모색하라'를 참고.

여 다양한 산업기반 구축을 필요로 하는 국가들을 말한다. 대부분의 아프리카 국가들과 몽골, 베트남 등이 이에 해당된다. 이미 대우인터내셔널이 마다가스카르와 케냐에서, LG상사가 오만과 투르크메니스탄, 인도네시아 등에서 컨트리마케팅을 통해 소기의 성과를 거두고 있다. 흥미로운 사실은 우리의 정책 경험이 캄보디아, 베트남, 인도네시아, 몽골 등 40여 개 신흥국에 전수되고 있다는 점이다. 이러한 '정책 한류'는 국내 기업들의 신흥국 시장 진출을 도우며 성장동력의 역할을 할 것이다. 이를 위해서는 공적개발원조(ODA)와 자유무역협정 체결과 같은 정부의 측면 지원이 필수적이다.

두 번째는 지역사회와의 상생이다. 지역사회와 공존하는 현지화 전략은 사업 성공과 직결된다. 인도에 진출한 네덜란드의 생활용품업체 유니레버(현지법인 힌두스탄 레버(Hindustan Lever))는 2009년 말 현재, 4만 5,000명의 농촌 여성을 판매요원으로 육성하여 농촌 지역에서의 매출을 대폭 성장시켰을 뿐만 아니라 농촌 지역의 소득수준도 향상시켰다. 이러한 현지화 전략으로 이 회사는 현재 인도에서 가장 성공한 글로벌 기업으로 평가받는다. 일본의 스미토모화학(住友化學) 역시 말라리아로 고통받는 아프리카인들을 위해 살충제를 도포한 모기장 '오리세트 넷(Olyset Net)'을 개발해 아프리카 시장에서 큰 호응을 얻었다.

세 번째는 현지 기업과의 협력이다. 신흥국에도 오랜 역사를 지닌 로컬 기업들이 존재한다. 그중에는 선진국 기업들을 위협할 만큼 글로벌 강자로 성장한 기업도 있다. 특정 분야에서 세계적

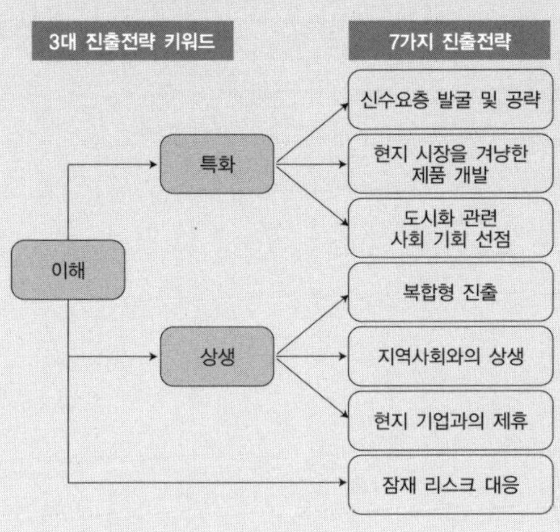

인 경쟁력을 지닌 기업이 있는가 하면 다양한 사업군을 거느린 복합 기업도 있다. 인도의 타타그룹과 릴라이언스그룹, 남아프리카공화국의 비드베스트, 브라질의 이타우사(Itausa) 등이 대표적인 복합 기업이다. 넥스트차이나 시장을 공략하려면 이들과 경쟁할 수밖에 없다. 물론 정면으로 승부를 걸 수도 있겠지만 전략적 제휴나 합작을 통해 상생을 도모하는 것도 고려할 만한 전략이다.

넥스트차이나는 사업 기회가 풍부하지만 결코 만만히 봐서는 안 되는 시장이다. 그만큼 성공하기도 어렵다. 기업들은 넥스트차이나 시장을 충분히 파악한 후, 경쟁력 있는 현지 제품을 개발하고, 현지 실정에 맞는 마케팅 전략을 구사하여 현지 기업으로 뿌리내릴 수 있을 정도로 혼신의 노력을 기울여야 한다.

이제부터는 이 세 가지 키워드를 바탕으로 넥스트차이나 시장에 진출할 때 기억해야 할 7가지 전략을 소개하고자 한다. 풍부한 사례와 함께 구체적인 실행방안을 제시하고 있으므로 넥스트차이나 시장 진출을 추진하는 기업에게 실질적인 도움이 되리라 생각한다.

1 | 새로운 수요층을 발굴하여 공략하라

넥스트차이나 국가에 성공적으로 진출하기 위해서는 위험은 최소화하고 규모의 경제 효과와 범위의 경제 효과(한 기업이 여러 제품을 함께 생산하여 비용을 줄이는 효과)를 동시에 극대화하는 전략이 필요하다. 이를 위해서는 국가별 유망 시장과 함께 국경을 초월한 시장을 발굴해야 한다.

국경을 초월한 거대 시장을 발굴하라

가장 먼저 할 일은 각국의 유망 시장을 분석하는 일이다. 그리고 이들의 특성을 바탕으로 좀 더 글로벌화된 시장을 발굴해야 한다. 넥스트차이나의 시장 규모는 아직 크지 않기 때문에 개별국 시장만을 공략하는 것은 기업의 입장에서 매력이 떨어지는 일일

수도 있다. 따라서 넥스트차이나 시장을 다양한 각도에서 세분화하고 그룹화하여 소득, 인구 특성, 라이프 스타일 등의 기준에 따라 국경을 초월한 틈새 유망 시장을 발굴하는 작업이 필요하다. 이렇게 발굴한 시장을 집중적으로 개척하여 성공을 경험하고 나면 이후 유사한 환경의 다른 시장을 발굴할 때도 같은 노하우를 활용할 수 있다.

초(超)국가 대응조직 가동

기존의 글로벌 진출전략은 대체로 지역별 본사를 두는 개념이었다. 그러나 국경을 초월한 거대 시장에 진입하기 위해서는 지역별 조직을 보완하는 초(超)국가 대응조직이 필요하다. 예를 들어 글로벌 10대 시장을 제대로 공략하기 위해서는 10대들의 특성, 선호하는 미디어, 니즈를 파악하는 전담 대응조직이 필요한 것이다.

이를 위해 먼저 선진 시장과 중국 시장 위주로 편성된 기존의 대응조직을 넥스트차이나 시장의 비중을 높이는 방향으로 재편해야 한다. 또한 국가별 특성이 아니라 국경을 초월한 특성에 따라 소비시장을 전문화, 세분화, 특성화하여 그에 맞는 대응조직을 만들어야 한다.

또한 정부의 정책적 지원도 필요하다. 국가별 FTA보다 거대 시장을 대상으로 하는 멀티 FTA를 검토하고 관문 역할을 하는 국가와 우선적으로 FTA를 체결하도록 노력해야 한다.

넥스트차이나에 대한 객관적 정보 외에 현지와 밀착된 '살아 있는 노하우'를 축적해야 한다. 역사적, 문화적 맥락이 다양하게 얽혀 있는 신흥시장은 지역적 특수성이 뚜렷해서 기존의 노하우를 그대로 적용하기 어려울 때가 많다. 예를 들어 우즈베키스탄에서는 공공장소에서 휴대폰을 잘 쓰지 않는다든지, 중국 농촌에서는 농기계의 소음 때문에 대형 스피커를 장착한 휴대폰이 필요하다든지 등의, 밖으로 잘 드러나지 않는 소비 관행까지 파악해두면 훨씬 쉽게 소비자의 마음을 잡을 수 있다.[6]

언어, 문화, 정치, 경제 등 다방면을 아우르는 신흥국 전문가를 육성하여 시장을 조사하고 제품을 개발할 때 투입해야 한다. 비용과 규제 등의 이유로 기업이 독자적으로 추진하기 힘들 때는 정부나 관련 단체가 일정 부분을 담당하는 것도 바람직하다.

글로벌 감각과 현지 정보를 겸비한 신흥국의 우수 인재를 확보하여 국내에서 한국어와 직무 교육을 시킨 뒤, 다시 해외로 파견하는 '역(逆)지역 전문가 제도'도 고려할 만하다. 일본 최대의 인터넷 쇼핑몰 회사 라쿠텐(樂天)은 중국의 검색엔진업체인 바이두(百度)와 제휴사업을 전개하는 과정에서 중국의 IT 인력을 핵심 인력으로 활용하여 좋은 성과를 얻었다.

---

6 "Mobile-phone culture: The Apparatgeist calls" (2010. 2. 1). *Economist*. vol. 394, pp. 56–58.

지속적인 모니터링 체계

신흥국 소비자의 행태 변화를 지속적으로 모니터링할 수 있는 제도적 장치를 마련해야 한다. 넥스트차이나 국가의 소득 구조와 인구 구조가 '신기루 타깃(mirage segment)' 현상이 발생할 정도로 빠르게 변하고 있기 때문이다. '신기루 타깃'[7]이란 애초에 타깃으로 삼았던 소득계층의 수요가 수년 후 사라지는 현상을 지칭한다. 노무라종합연구소(NRI)가 만든 용어로, 신흥국의 가계소득 변화 분석 과정에서 소득분포가 빠르게 변화하는 모습을 보고 착안했다.

따라서 '소비자생활 연구센터' 등을 현지에 설립하여 중장기 수요 변화를 지속적으로 관찰할 필요가 있다. 대표적인 예가 남아프리카공화국에 있는 유니레버 마케팅 연구소(UCT, Unilever Institute of Strategic Marketing)다. 이 연구소는 1999년 남아프리카공화국의 케이프타운 대학에 설립되었으며[8] 유니레버 재단의 지원을 받고 있다. 현지 사정에 기초한 마케팅 분석과 교육의 필요성을 인식하여 설립되었으며, 주로 새로운 식견과 지식을 발굴하고 공유하는 일을 한다. 2005년에는 '블랙 다이아몬드'라고 불리는 남아프리카공화국의 신흥 중산층을 분석한 보고서를 내놓았고, 이후로도 현지 특성에 맞는 마케팅 방법과 중산층 관련 보고서를 지속적으로 내놓고 있다.

---

7 北川史和 (2009. 7). 「「The がラパゴス」からの脱却.」《知的資産創造》, pp. 8-19.
8 http://www.socialresponsiveness.uct.ac.za/activities/innovation/marketing/overview/

소비자 세분화로 차세대 시장 발굴

인프라 확충과 소득 증가 이후 점점 다양해지는 신흥국 소비자를 선제적으로 세분화해야 한다. 소득수준 외에도 종교, 연령, 문화 등 다양한 기준을 바탕으로 고객을 세분화하면 대상 고객층을 차별화할 수 있다. 틈새시장을 발굴하고 소비계층에 맞추어 가격을 인하함으로써 시장을 대중화할 수 있는 것이다. 2002년 중국 최대의 DVD 플레이어 제조기업인 신커(新科)는 휴대용 DVD 시장에 기존 제품보다 30~50% 저렴한 제품을 출시했다. 이후 5년간 휴대용 DVD 시장은 10배로 확대되었고 신커는 시장을 30% 이상 점유하며 선두를 유지할 수 있었다.[9]

따라서 이미 경쟁이 지열한 시장보다는 앞으로의 변화를 예상하여 새로운 시장에 대비할 필요가 있다. 정보통신망과 도로, 철도 등의 인프라가 급속하게 확충되면서 신흥국 소비자들의 라이프 스타일은 급변할 전망이다. 1950년대에 미국에서도 고속도로망이 확충된 이후 여행, 외식이 늘고 패스트푸드점이 부상하는 등 라이프 스타일이 크게 변했었다.

또한 의료, 패션, 고급품 등의 시장이 확대될 것이므로 이를 선제적으로 공략하는 것도 고려할 만한 전략이다. 동시에 고령화와 여성의 경제활동 참여 확대 등 인구 구조 변화에 따른 수요 변화에도 미리 대응할 필요가 있다.

---

9 Williamson and Ming Zeng (2009. 3). "Value-for Money Strategies for Recessionary Times," *Harvard Business Review.*

주목해야 할 5대 수요층

소득 구조, 인구 구조, 종교문화를 기준으로 분석해보면 한국 기업이 넥스트차이나에서 주목해야 할 수요층이 5개로 추려진다. 바로 부유층과 상위 중산층, 10대, 20대, 무슬림이다. 유사한 문화 특성을 지닌 이들은 국경을 초월한 거대 소비 집단이라 할 수 있다.

소득 구조의 관점에서 보면 부유층과 상위 중산층이 거대 소비 집단으로 떠오르고 있다. 부유층은 선진국 부유층과 유사한 소비 패턴을 보이고 있어 규모는 작지만 접근 가능성과 소비 파급력이 큰 집단이다. 상위 중산층은 소득 구조로는 중산층에 해당하지만 소비 행태는 일반대중과 차별화된다. 미래의 부유층으로 성장할 가능성이 있으므로 반드시 주목해야 할 계층이다.

인구 구조를 분석해본 결과 10대와 20대가 거대 소비 집단으로 떠오른 것이 확인되었다. 10대는 동질성이 가장 강한 집단으로, 청소년이라는 발달 단계와 글로벌 미디어 확산이 시장 성장의 동인으로 작용하고 있다. 사회 진출, 대학생, 결혼시기 등이 혼재되어 있는 20대 역시 매력적인 소비 집단이다.

종교문화적으로는 무슬림이 주목할 만한 시장이다. 이슬람교는 종교적 폐쇄성이 강하여 종교적 신념이 무의식적으로 생각과 행동방식에 영향을 끼치며 정체성을 형성한다.

5대 수요층을 효과적으로 공략하기 위해 한국 기업이 기억해야 할 실행방안은 다음 세 가지다.

선점 전략을 통한 경쟁우위 확보

신흥국 소비시장을 공략할 때는 선발 브랜드로서의 이점을 확보하는 일에 역량을 집중해야 한다. 시장이 형성되는 초기 단계에는 리스크도 높지만, 성공할 경우 얻을 수 있는 시장의 크기가 훨씬 크다. '포스트 브릭스'로 주목받았던 자원부국 카자흐스탄의 경우, 가장 먼저 주택건설 시장에 진출한 업체와 후발 업체 간의 진출 시기 차이가 1년 내외에 불과했다. 그러나 선발업체가 시장의 대부분을 장악했다.

특히 신흥국 소비시장은 "First mover takes all"[10]의 원칙이 강하게 작용하기 때문에 아프리카와 같은 미개척 시장으로의 선제적 진출이 바람직하다. 일본 기업보다 먼저 중국 시장에 접근하여 경쟁우위를 확보했던 한국 기업들은 이 경험을 살려 다른 지역도 시장 선점의 관점에서 접근해야 할 것이다.

가장 먼저 신흥국에 뛰어든 기업은 로열티 강화에 주력한 후, 강력한 시장 방어전략을 구사할 필요가 있다. 동유럽, 남미 시장 등에 이미 진출한 기업들은 경쟁 기업들이 진입하기 전에 고객과의 관계를 강화하여 로열티 제고에 박차를 가해야 한다.

---

10 스웨덴의 팝그룹인 아바의 노래 "The winner takes it all"에서 유래했다. 승자독식의 시대가 열리면서 시장 선도기업이 다양한 선도자의 이점을 독점할 수 있다는 의미이다. 선도자의 이점으로는 낮은 마케팅 비용으로 높은 제품 가격을 유지할 수 있다는 것, 우월한 위치에서 신제품을 런칭할 수 있다는 것 등을 들 수 있다.

아이콘 브랜드로 포지셔닝

해당 신흥국의 아이콘 브랜드로 자리매김하는 전략 또한 중요하다. 아이콘 브랜드란 제품을 떠올릴 때 가장 먼저 연상되는 브랜드를 말하는데, 일단 아이콘 브랜드로 자리 잡고 나면 대규모 마니아층을 확보할 수 있다. 이랜드의 성공이 대표적인 사례다. 국내에서 중저가 브랜드로 이름을 알렸던 이랜드는 현지화 전략과 지속적인 재투자로 중국 의류 시장에서 고급 브랜드의 대명사가 되었다.

아이콘 브랜드로 자리 잡으려면 독창성에, 감성적 경험까지 제공해야 한다. 따라서 해당국 특유의 소비 니즈를 파악하여 매력 포인트를 극대화하고 일관된 브랜드 메시지를 전달할 필요가 있다. 상품의 기능적 효용에 더하여 브랜드 고유의 문화를 판매해야 하며, 해당국 소비자의 참여를 확대시켜 관계를 강화하는 전략을 구사해야 한다.

한류 등을 활용한 문화적 접근

"성공한 국가"라는 한국의 이미지를 십분 활용하는 것도 좋은 전략이다. 《포린 폴리시》는 177개국 중 한국을 성공한 국가 순위 25위에 올린 바 있다(2009년 6월). 스페인(28위), 이탈리아(29위), 그리스(30위)보다 앞선 순위이며, 북미와 유럽을 제외한 국가 중에는 일본(14), 싱가포르(18)에 이어 세 번째 순위다.

특히 젊은 층을 공략할 때는 한류 문화를 활용하는 것도 효과적이다. 2012년 《월스트리트 저널》은 "소녀시대가 미국 CBS의 간

판 토크쇼인 〈데이빗 레터맨 쇼〉에 출연함으로써 케이팝(K-Pop)이 미국 시장 진출의 한 획을 긋게 되었다"[11]고 평가했다. 또 웰빙 트렌드가 부상하면서 미국 등 선진국을 중심으로 한식이 확산되는 사례도 활용할 필요가 있다. 2009년 《월스트리트 저널》은 "마늘, 참기름, 고추 향이 진동하는 한국 음식이 모든 곳에 나타났다"[12]는 기사를 실었고, 미국의 건강잡지 《헬스》는 김치를 대표적인 건강식품으로 꼽았다.[13] 또한 국제기내식협회는 비빔밥과 비빔국수를 최고의 기내식으로 선정하기도 했다.

베트남과 미얀마, 독일과 프랑스, 남미의 브라질 등 케이팝 및 한국 드라마가 인기를 끄는 지역에서는 단순히 한류 스타를 모델로 활용하기보다는 인기 요인과 상품을 연계시키는 작업에 주력해야 한다. '한류 스타 따라하기' 심리를 이용하여 한국 화장법과 한국의 화장품이 대박을 터뜨린 베트남의 사례가 대표적이다.

11 "A K-Pop Sensation Plays Letterman" (2012. 1. 31). *The Wall Street Journal*.
12 "The New Hot Cuisine: Korean" (2009. 3. 7). *The Wall Street Journal*.
13 "World's Healthiest Foods: Kimchi(Korea)" (2006. 3). *Health*.

2

현지에서
다시 시작하라

넥스트차이나 시장에서 성공하려면 '현지 기획', '원점 설계', '역혁신(reverse innovation)'이 필요하다.

먼저 현지의 니즈를 반영한 현지 기획이 중요하다. 이제 본사에 앉아 보고서를 참고해서 만든 제품으로는 현지 소비자를 만족시킬 수 없다. 글로벌화와 인터넷 등 정보통신기술의 발달로 소비자의 눈높이가 높아졌을 뿐만 아니라, 다른 기업과의 경쟁이 한층 치열해졌기 때문이다. 따라서 현지인의 생활을 관찰하고 체험하여 현지인이 요구하는 니즈를 철저하게 반영한 기획이 요구된다.

둘째로, 기획된 제품을 제대로 개발하려면 기존의 제품 개발 방식을 원점에서부터 재검토해야 한다. 기존 제품에서 일부 기능

현지 기획	원점 설계	역혁신
현지 고객의 니즈를 반영	기존의 제품 개발 방식을 원점에서 재검토	넥스트차이나용 제품을 선진국 시장에 수출

과 사양을 줄여 가격을 낮추는 것만으로는 넥스트차이나 시장에서 성공하기 어렵다. 현지인이 원하는 기능과 가치를 중심으로 새롭게 제품을 설계해야 현지에 딱 맞는 기능과 가격을 맞출 수 있다.

마지막으로 넥스트차이나 시장용으로 개발한 제품을 선신국 시장으로 다시 수출할 수 있는 '역혁신' 제품의 개발이 요구된다. GE 등 선진 기업들은 넥스트차이나용으로 개발한 제품을 미국과 유럽 시장에 수출하여 추가 매출을 올리고 있다.

현지 기획: 현지인의 니즈와 선호를 파악하라

넥스트차이나 시장의 소비자는 본국이나 선진 시장의 소비자와 소득은 물론 인프라와 생활방식이 많이 다르다. 따라서 이 시장을 개척하려면 현지인들이 무엇을 원하고, 무엇을 높이 평가하며, 어떤 기능에 가치를 두는지를 철저하게 파악해야 한다.

예를 들어 아프리카에서 TV를 판매할 때 꼭 필요한 기능은 무엇일지 생각해보자. 한국의 TV 시장에서는 스마트 기능, 3D, 소비전력, 디자인 등이 중시되지만, 아프리카에서는 '서지세이프

(surge safe)' 기능이 가장 중요하다. 전력설비의 부족으로 전압이 급변하는 경우가 많아 가전제품이 자주 고장 나기 때문이다. 서지세이프 TV는 순간적인 전압 변화에도 견딜 수 있도록 내압 기능을 강화한 제품이다. 삼성전자가 2011년 7월에 출시한 서지세이프 TV는 이러한 현지 사정을 감안한 제품으로, 출시 이후 판매량이 빠르게 증가하고 있다.

현지 니즈를 적극적으로 반영한 기획으로 인도 시장을 석권한 제품도 있다. 예를 들어 삼성전자가 인도에서 판매하는 냉장고에는 '쿨 팩'이라는 축냉제가 달려 있다. 쿨 팩은 정전이 잦은 현지 환경을 고려하여 만든 일종의 얼음주머니로, 정전시에도 냉동실의 온도 상승을 두 시간 정도 늦춰준다고 한다. 또한 채식주의자가 많은 인도인의 취향에 맞추어 냉동실은 줄이고 냉장실 면적을 늘린 것이 특징이다. 이처럼 인도의 환경과 문화를 최대한 반영한 냉장고는 현지의 고급 냉장고 시장에서 큰 인기를 끌고 있다.

LG전자가 인도에서 판매하는 TV에는 보통 TV보다 출력이 큰 스피커가 장착되어 있다. 뮤지컬 장면이 많은 인도 영화를 보면서 시청자가 음악에 맞추어 춤을 출 수 있도록 하기 위해서다. LG전자가 출시한 코란을 내장한 TV도 중동 지역에서 좋은 반응을 얻고 있다.

이렇게 현지 실정에 맞춘 상품을 기획하기 위해서는 현지에 연구개발센터를 설치하고, 현지에서 나고 자란 인재를 채용하여 소비자들의 생활습관을 철저하게 파악해야 한다. 현지인의 가정을 방문하거나 현지 디자이너가 개발한 제품을 채택하는 것도 좋은 방법이다. 예를 들어 2010년 일본의 도시바 홈어플라이언스는 태국의 킹몽쿳 국립공과대학의 디자인 팀과 공동으로 냉장고를 개발했다. '커브(Curve)'라는 이름의 이 냉장고는 태국인이 처음으로 디자인한 제품인데, 흰색과 은색이 대부분이었던 냉장고에 태국인들이 좋아하는 핑크와 녹색을 가미하여 소비자들부터 호평을 받았다. 도시바는 냉장고에 이어 태국인 디자이너가 설계한 온수기와 전기밥솥도 출시할 예정이다.

원점 설계: 기존의 상식을 버리고 새롭게 접근하라

현지 시장의 니즈를 파악한 다음에는 이를 반영한 제품을 설계해야 한다. 그런데 신흥국에 판매할 제품을 설계할 때는 원점에서부터 다시 생각하는 '원점 설계'가 요구된다. 원점에서부터 다시 생각한다는 것은 제품을 새롭게 설계한다는 의미이기도 하지만 선진 시장을 대상으로 축적해온 기존의 설계 상식을 버린다는 의미도 포함된다.

대표적인 사례가 도요타가 신흥국용 세단으로 출시한 '에티오스(Etios)'의 개발 과정이다. 그동안 도요타가 해외시장용 제품을 개발하는 방식은 이미 출시된 모델을 베이스로 하여 여기에 현지 사양을 가감하는 방식이었다. 그러나 이러한 방식으로는 현지 소비자의 소득수준에 맞게 비용을 낮출 수도 없을뿐더러 현지 사정을 감안한 기능을 반영하는 데도 한계가 있다는 것을 깨달았다. 이러한 한계를 돌파하고자 원점으로 돌아가 플랫폼부터 개발한 모델이 에티오스다. 에티오스는 처음부터 인도 시장을 겨냥한 세단으로, 인도 소비자들의 의견을 청취하고 인도인 연구 팀과 함께 개발했다. 그 결과, 일본이나 선진 시장용 제품과 다른 몇 가지 사양을 추가할 수 있었다. 일본인들은 자동차의 에어컨 바람이 몸에 직접 닿는 것을 싫어하지만, 인도인들은 냉풍을 직접 맞는 방식을 좋아한다. 냉방기능 자체가 지위를 나타낸다고 생각하기 때문이다. 또한 힌두교의 작은 불상을 두는 전용 공간을 따로 설치했으며, 맨발로 자동차를 타는 경우가 많은 인도인의 특성을 고려하여 앞좌석의 가이드 레일에 수지로 만든 커버를 씌워 다치지 않도록 배려했다.

신흥국 시장에 판매할 제품을 설계할 때는 저가화에 대한 대책 마련도 매우 중요하다. 소득수준이 선진국과 다르기 때문에 이 시장의 소비자들은 가격에 매우 민감하다. 기존 제품에서 몇 가지 고급 기능을 빼거나 바꾸는 것만으로는 비용 절감에 한계가 있다. 따라서 제품을 원점에서부터 다시 설계할 필요가 있다. '이 제품의 기능이나 품질은 이래야 한다'는 고정관념에서 벗어나 현지 시장이 요구하는 기능과 품질에 맞춰 처음부터 다시 만들어야 한다는 뜻이다.

일본의 자동차 부품업체인 덴소(電裝)도 신흥국용 제품을 설계할 때 기존 제품을 베이스로 하지 않는 새로운 방법으로 접근한다.[14] 제품에 필요한 최소한의 기능이나 성능을 도출하고, 여기에

---

14 富岡桓憲 外(2010. 4). "シリーズ　世界を拓く." 《日經ものづくり》 679號.

덴소의 브랜드에 적합한 기능과 성능, 그리고 부가가치를 추가하는 방식이다. 다시 말해 제로베이스를 도출한 다음 여기에 기능을 덧붙이는 '기능 추가 방식'인 것이다. 이러한 방식을 도입하면 기존 제품에서 불필요한 기능을 빼는 방식보다 훨씬 비용을 낮출 수 있다고 한다.

후지제록스(Fuji Xerox) 역시 기존의 설계방식에 벗어난 프린터를 개발하여 성공했다.[15] 먼저, 신흥국 사무실에 필요한 프린터의 특성을 '비좁은 공간에 설치할 수 있는 저가의 소형 프린터'로 규정했다. 이에 따라 설계 팀은 프린터의 기본 구조부터 재검토했다. 프린터에 반드시 있어야 할 최소한의 기능과 성능이 무엇인지를 원점에서부터 다시 고민한 것이다. 그 결과 토너 부분을 분리하여 감광체와 현상기를 본체에 고정한 다음, 본체에서 마킹엔진(감광체, 현상기, 토너가 일체가 된 유닛)을 탈착하기 위한 프레임을 없앴다. 이렇게 제품 구조를 바꾸자 감광체와 현상기를 탈착하기 위한 공간이 불필요해지면서 조밀한 부품 배치가 가능해졌고 부품 수도 줄일 수 있었다. 당연히 프린터의 부피도 기존 제품의 절반으로 작아졌고 재료비도 크게 낮아졌다. 선진국용 제품에서 당연시되던 기본 구조에 구애받지 않고 현지의 니즈에 맞게 다시 설계한 결과다.

도요타의 에티오스도 기존의 상식으로는 적용하기 어려운 신

---

15 앞의 책

흥국산 소재를 활용하여 저가화를 실현했다. 에티오스에 사용된 강판은 일부 특수 강판을 제외하고는 현지에서 조달한 강판이다. 수지성형품 등도 현지에서 조달했기 때문에 에티오스의 현지 조달률은 70%에 달했다. 도요타는 현지 조달률을 지속적으로 높여 2012년 이후에는 엔진과 변속기 등 90%에 달하는 부품소재를 현지에서 조달할 계획이다.

역혁신: 신흥국 시장에서 개발한 혁신 제품을 선진 시장으로
마지막으로 역혁신을 고려한 제품 개발전략이 필요하다. 역혁신이란 신흥국에서 개발한 제품을 선진국으로 수출하는 전략을 말한다. 신흥국 시장을 대상으로 개발한 제품을 본국과 선진국 시장에서도 판매할 수 있는지 기회를 점검하는 것이다.

이를 실현한 대표적인 기업이 GE다. GE는 저가의 이동형 초음파 진단장치 '브이스캔(Vscan)'을 개발하여 중국에서 크게 히트시켰는데 이를 미국 시장에 들여와 구급용 의료장비로 판매하여 좋은 반응을 얻었다.[16] 여기에서 힌트를 얻은 GE는 인도를 겨냥한 100만 원대의 휴대용 심전도 장비를 인도뿐 아니라 선진국을 포함한 전 세계 시장에 판매할 계획이다. 사실 GE가 역혁신을 추진하는 데에는 두 가지 목적이 있다. 하나는 신흥국에서 개발한 혁신 제품을 선진 시장에 판매함으로써 추가 수익을 올리는 것이

---

16 Immelt, Govindarajan & Trimble (2009. 10). "How GE is disrupting itself." *Harvard Business Review.*

고, 다른 하나는 그렇게 함으로써 신흥국 기업이 선진 시장에 진입하는 것을 사전에 차단하는 것이다.

세계경제는 2008년의 금융위기에 이어 일부 유럽 국가의 재정 위기로 침체기를 맞고 있다. 열악한 인프라와 낮은 소득수준을 감안하여 개발한 넥스트차이나용 제품은 가격이 저렴하고 친환경적인 경우가 많아 선진 시장에서도 얼마든지 판매가 가능하다. "혁신은 선진국에서만 일어난다"는 상식이 이제 더 이상 통용되지 않게 된 것이다. 넥스트차이나의 광대한 인구와 부족한 인프라, 빈곤 등은 새로운 혁신을 창출하는 요람이 되고 있다.

의료 시스템에 대량생산 모델을 도입하여 의료의 대중화를 촉진하고 있는 인노의 병원, 아프리카의 휴대전화 기업이 선보이고 있는 전자머니, 중동에 본사를 두고 있는 세계 최대의 사립학교 운영기업 등 넥스트차이나의 현지 기업들은 의료, 금융, 교육 등 첨단산업 분야에서 세계를 바꿀 만한 혁신을 일으키고 있다. 이제 넥스트차이나 지역을 혁신의 발상지로 하여 역혁신까지 고려한 제품 개발에 나서야 할 때다.

지금까지 성공하는 넥스트차이나용 제품을 개발하기 위한 세 가지 방법으로, 현지 기획, 원점 설계, 역혁신에 대해 살펴보았다. 넥스트차이나 시장을 공략하고자 하는 기업은 이 세 가지 방법 가운데 어느 것을 활용할 수 있는지 점검해보도록 하자. 넥스트차이나 시장을 공략하는 제품 개발전략의 혁신이 필요한 시점이다.

3

성장하는 도시에서
기회를 선점하라

인구와 소득이 증가하는 넥스트차이나 국가들이 세계경제의 성장 엔진이 되리란 것은 이제 누구도 의심하지 않는다. 그러나 지역과 계층에 따라 편차가 심한 넥스트차이나를 단일 시장으로 보기는 현실적으로 어렵다.

2005년 중국의 1인당 GDP는 4,500달러 수준이지만 성(省)별 1인당 지역내총생산(GRDP)은 천양지차다. 6,412달러로 가장 높은 상하이가 624달러로 가장 낮은 구이저우(貴州)보다 10배나 많았다. 이렇듯 같은 나라 안에서도 소득수준의 차이가 극명한 실정이다. 반면, 도시는 인구와 소득이 집중되어 있는 데다 소비 성향이 유사하기 때문에 비교적 접근하기가 용이하다. 예를 들어 전통적으로 차 문화가 발달한 중국에서도 스타벅스는 도시화가 진행된 동부 해안을 중심으로 2011년까지 지점 수를 약 500여 개까지 확대할 수 있었다. 따라서 복잡하고 다양한 넥스트차이나 시장을 효과적으로 공략하기 위해서는 도시를 진입의 교두보로 활용해야 한다.

많은 신흥국들이 생활환경 개선과 경제성장에 따른 생산성 제고를 위해 도시 인프라에 양적, 질적 투자를 본격화하고 있다. 2010년에서 2020년 사이 아시아, 아프리카 도시의 인프라 투자 수요는 각각 6조 5,780억 달러, 7,440억 달러에 이를 것으로 추정된다.[17] 넥스트차이나 진출의 교두보로서 도시 인프라 시장을 공략하기 위한 전략을 알아보도록 하자.

신흥국 도시의 분류와 특성

신흥국 도시를 효과적으로 공략하려면 우선 도시를 분류하고 각각의 특성에 따른 유망 도시를 선정할 필요가 있다. 유망 도시는 소득수준과 성장잠재력을 기준으로 다음 세 그룹으로 분류된다.

성장이 기대되는 성장잠재 후보군

첫 번째 그룹은 앞으로의 성장이 기대되는 '성장잠재 후보군'이다. 1인당 GRDP가 4,000달러 정도로 소득수준은 낮지만 인구가

---

17 ADBI (2010). "Estimating Demand for Infrastructure in Energy, Transport, Telecommunications, Water and Sanitation in Asia and the Pacific: 2010-2020". ADBI Working Paper Series.; AFDB (2010). "Infrastructure Deficit and Opportunities in Africa". Economic Brief.

밀집되어 있기 때문에 성장이 기대되는 곳이다. 나이지리아의 라고스나 인도의 콜카타, 파키스탄의 카라치가 대표적이다. 보통은 인구 증가 속도가 빨라 인프라가 그 속도를 따라가지 못하고 있는 실정이며, 상하수도나 도로 같은 기본적인 인프라조차 부족한 경우도 많다. 방글라데시의 다카에서는 물 부족 때문에 시위가 일어나기도 한다. 이러한 도시들은 인프라가 부족한 데다 대부분 소득수준이 낮기 때문에 세계은행의 지원과 같은 국제원조에 의존하고 있다. 따라서 많은 기업들이 인프라와 자원 개발을 연계하는 방식으로 사업을 추진하고 있다.

빠르게 성장하는 고성장군

두 번째 그룹은 '고성장군' 도시다. 1인당 GRDP는 7,000달러 정도이며 경제가 빠르게 성장하고 있는 도시들이다. 인도의 델리나 톈진 같은 중국 2선 도시들이 이에 해당한다. 고성장군 도시에서는 특히 제조업이 급속히 성장하고 있어, 제조업의 기반이 되는 전력과 운송 수요가 급증하는 추세다. 남부 인도 최대의 항구도시인 첸나이는 현대자동차와 포드, 닛산 등 자동차업체의 생산거점이 되면서 도로와 전력, 항만 등 산업 인프라 수요가 폭증하고 있다. 이러한 수요를 충족시키기 위해 정부 차원의 노력이 이루어지고 있는데, 부족한 재원 마련을 위해 민간투자를 확대하고, 지분제한 철폐와 세제혜택을 제공하는 등 외자유치를 위한 지원을 아끼지 않고 있다.

　시장 공략의 초기 단계부터 신흥국 정부나 공공기관과 우호적

　　　　　　　　　　　　넥 스 트 차 이 나

인 관계를 구축하는 기업도 많다. GE는 2010년에 이미 인도네시아 기술응용평가원과 공동 연구를 시작했고, IBM 역시 2009년에 중국 선양의 동북 대학과 공동 연구소를 설립했다.

지능형 인프라 확대 중인 질적 전환군

마지막 그룹은 '질적 전환군' 도시로, 상하이와 같은 중국 1선 도시와 사우디아라비아의 리야드 등이 이 그룹에 속한다. 1인당 GRDP는 1만 3,000달러 정도로 소득수준이 높은 편이다. 경제성장이 지속되어 경제 규모는 확대됐지만 도시 경쟁력이나 삶의 질은 선진국 도시에 비해 열악한 편이다. 기본적인 인프라 수요는 정체되어 있는 반면, IT 기술을 융합한 지능형 노시 인프라는 도입이 확대되고 있는 것이 특징이다.

상하이에서는 송배전 전력조정과 신재생에너지 연결사업 같은 대대적인 스마트 그리드 사업이 진행 중이고, 사우디아라비아도 대학이나 관공서에 에너지 관리 시스템을 적용한 그린빌딩 건설을 확대하고 있다. 많은 기업들이 기술제휴나 시범사업 등을 통해 사업 기회를 선점하려고 노력 중인데, 지멘스는 2010년 UAE의 차세대 그린시티 마스다르시티와 양해각서를 체결하여 도시 내 탄소저장기술을 개발하기로 했고, 히타치는 종합적으로 물을 관리하는 지능형 수처리 시스템을 개발하여 중국 다롄(大連)과 협력을 추진하고 있다.

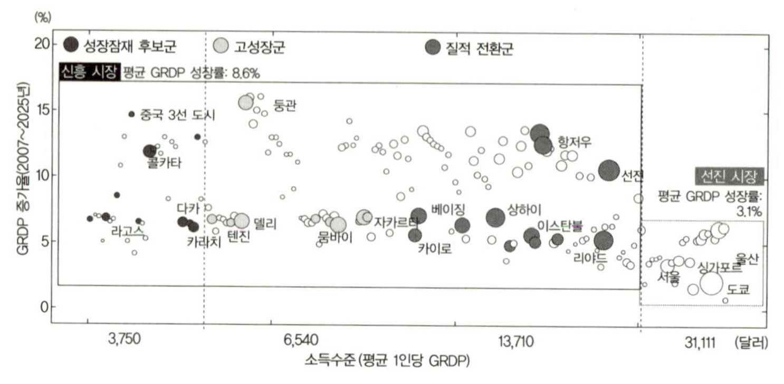

주: 1) 원의 크기는 2007~2025년 예상 GRDP 증가량을 나타냄.
   2) 하얼빈, 산터우, 샹판 등 인구 200만 명 이상, 1인당 GRDP 3,400달러 내외의 14개 중국 중대형 도시의 평균치를 '중국 3선 도시'로 표시.

소득수준에 따라 차이 나는 인프라 수요

신흥국 도시를 공략하기 위해서는 무엇보다 도시 인프라의 수요 패턴 차이를 이해하는 것이 중요하다. 소득수준에 따라 요구되는 인프라가 다르기 때문에 소득 단계에 따라 시장을 차별화해야 한다. 소득수준에 따라 요구되는 인프라는 다음과 같다.

1인당 GRDP가 평균 4,000달러 수준인 성장잠재 후보군 그룹에서는 생활에서 가장 기본이 되는 상하수도 수요가 급격히 증가하는 추세다. 최근에는 정보통신 분야도 기본적인 인프라로 인식되고 있는데 이동통신의 경우 1인당 GRDP 5,000달러 수준일 때 80%까지 보급되고 있다. 1인당 GRDP가 평균 7,000달러 수준인 고성장군 도시에서는 산업 인프라 수요가 급증하고 있다. 그중에서도 가장 큰 폭으로 증가하는 것이 전력 수요다. 1인당 GRDP가

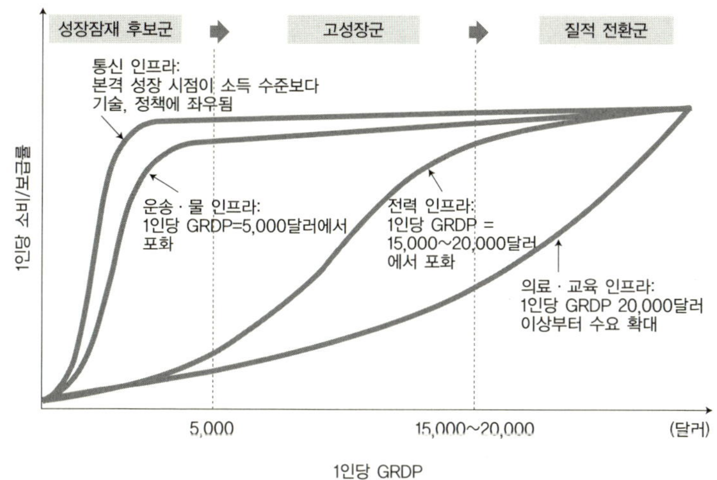

발전 단계	사업 기회	대표 도시
성장잠재 후보군	물, 전력, 운송, 무선통신 등 기본 인프라	다카, 라고스, 카라치, 수랏 등
고성장군	전력, 운송, 무선통신	델리, 뭄바이, 자카르타, 리야드, 방갈로
질적 전환군	친환경 · 지능형 도시 인프라, 의료 · 교육 등 서비스 인프라, 광대역 통신망	선전(深圳), 이스탄불, 카이로, 마닐라 등

평균 1만 3,000달러 이상인 질적 전환군 도시에서는 물, 전력 등 기본 인프라에 대한 수요는 정체하고, 지능형 인프라나 친환경 인프라, 또는 의료 · 교육 등 서비스 인프라의 수요가 증가하고 있다.[18]

---

18 1인당 GRDP 수준별 인프라 수요 패턴은 주요 도시의 인프라 수요 데이터를 기반으로 삼성경제연구소에서 분석한 결과다.

고성장군 도시에 집중하라

역량과 경쟁 강도 등을 고려할 때 한국 정부와 기업이 역량을 집중해야 할 곳은 고성장군 도시다. 제조업을 중심으로 발전하고 있는 고성장군 도시에서는 생산기반을 구축하기 위한 신규 인프라 투자가 가장 활발하다. 특히 산업이 성장함에 따라 전력 부문의 투자 수요(3,541억 달러)가 급증하고 있는데 이 부문에 대한 투자는 향후 10년간 전체 인프라 투자(8,967억 달러)의 약 40%를 차지할 것으로 예상된다.[19] 이미 선진 기업의 시장 점유율이 높은 질적 전환군 도시에 비해, 이제 막 글로벌 기업들의 진입이 시작되어 경쟁 강도도 상대적으로 낮은 것으로 평가되고 있다.

특정 지역에 과도하게 산업이 집중된 결과로 지역 불균형이 심한 중국과 인도는 국토의 균형발전을 위해 광역경제권 개발을 추진 중이다. 고성장군 도시는 이러한 광역경제권의 거점 도시로 성장할 가능성이 높다. 거점 도시는 권역 내 중소도시와 기능적으로 밀접하게 연계되기 때문에 거점 도시를 선점하면 권역 내 중소도시도 쉽게 공략할 수 있다. 일본의 대표적인 종합상사 마루베니(丸紅)는 2009년 11월, 중국 안후이(安徽) 성의 허페이(河北) 시를 거점으로 도시 하수처리 사업을 시작하여 최근에는 인근 도시로까지 사업을 확장하고 있다.

---

19 ADBI (2010). "Estimating Demand for Infrastructure in Energy, Transport, Telecommunications, Water and Sanitation in Asia and the Pacific: 2010-2020. ADBI Working Paper Series.; AFDB (2010). Infrastructure Deficit and Opportunities in Africa. Economic Brief를 토대로 삼성경제연구소가 추정했다.

도시의 가치를 제안하는 차별화된 역량이 요구된다

선진 글로벌 기업과 신흥국의 로컬 기업이 치열하게 경쟁하는 도시 시장에서 성공하려면 기업의 경쟁력을 극대화할 수 있는 차별화된 사업방식과 지원 시스템(조직구조, 영업 등)을 갖추어야 한다. 이는 도시의 가치 제고에 대한 연구가 이루어질 때 가능하다. 지멘스의 녹색도시지수(Green City Index), GE의 지속가능성지수(Sustainability Index), 도시지능지수(City Intelligence Index) 등 선진 기업들은 자사가 보유한 역량을 최대화할 수 있는 도시 가치 평가 모델을 개발하고 이를 발표하여 도시 간 경쟁을 유도하고 있다.

도시의 가치를 제안하고 구현하는 사업 모델을 구축하기 위해서는 다양한 인프라를 복합화하고, 도시 계획을 기획, 운영하면서 이를 금융과 연계할 수 있는 시스템형 사업 역량이 요구된다. 따라서 한국 기업도 시공 중심의 사업에서 벗어나 도시 전체의 인프라를 설계, 운영하고 자금 흐름을 설계할 수 있는 역량을 구축할 필요가 있다.

사업 성공 좌우하는 정부의 역할과 지원

정부의 역할도 중요해지고 있다. 정부는 친환경, 지능형 도시 시범사업을 통해 한국 도시의 경쟁력을 강화하고, 이를 신흥국 도시의 개발 모델로 홍보하여 수출 산업화를 도모해야 할 것이다. 일본 정부는 IT 기술과 각종 인프라를 결합한 '스마트 커뮤니티'의 개념을 제시하고 일본 내 실증사업을 기반으로 해외 신도시 개발에 적극 진출한다는 계획을 세웠다.[20] 정부의 외교력 또한 수주 성공을 좌우하는 결정적 요인으로 떠오르고 있다. 따라서 정부 차원의 개발원조나 경제협력을 통해 신흥국 도시와 우호관계를 구축하는 것이 중요하다.

중앙정부뿐 아니라 지방자치단체도 신흥국 정부 및 도시와 지속적인 관계를 유지할 필요가 있다. 오사카는 도시 간 협력을 통해 오사카 지역 기업의 해외 진출을 적극 지원하고 있다. 오사카 수도국은 호치민 시에 수도 인프라 조사단을 파견하여 2009년 이후 호치민 시의 수도 시스템 개선사업에 오사카 지역 기업이 진출하도록 돕고 있다.[21]

---

20 일본 경제산업성(2010). "스마트커뮤니티 포럼에 있어서 논점 및 제안".
21 "日本の「あたり前」が世界で賣れる"(2010). 《WEDGE》. 22券 33號, pp. 28-40.

4 복합형 진출전략을 모색하라

신흥국들은 경제발전 과정에서 기업들에게 막대한 사업 기회를 제공할 것이다. 불과 20~30년 전만 해도 신흥국의 입장이었으며, 최대 신흥국인 중국의 발전 과정에서 사업을 추진해본 경험이 있는 한국 기업들은 넥스트차이나 시장 진출에 비교적 경쟁우위가 있다고 할 수 있다.

또한 2010년 G20 서울회의에서 한국 정부는 선진국과 신흥국의 가교 역할을 적극적으로 담당하겠다고 천명했다. 실제로 기획재정부, 외교통상부 등 각 정부부처 또한 대외정책의 중심을 신흥국 진출에 두고 적극적으로 사업을 추진하고 있다. 지식공유프로그램(KSP, Knowledge Sharing Program)이나, 공적개발원조(ODA, Official Development Assistance) 자금의 확대 등은 이러한 정책의 일환이라 하

진출형태	대상	진출전략	전략내용
B2C 시장	소비자	병행 전략	중저소득층과 고소득층 동시 공략
B2B 시장	기업(현지 기업, 자회사)	파트너십 전략	현지 기업과의 파트너십 유지
B2G 시장	정부, 도시	상생복합형 전략	상생의 기반 위에 품목과 주체의 복합 진출

겠다.

신흥국 진출전략은 크게 소비자들을 대상으로 판매망을 구축하여 시장에 진출하는 B2C 전략과, 현지 기업에 부품과 서비스를 납품하는 B2B 전략, 그리고 현지 정부를 대상으로 인프라 개발에 참여하는 B2G 전략으로 나눌 수 있다. 이 장에서는 B2G 사업전략을 키워드로 복합형 진출전략에 대해 이야기하고자 한다.

대상국의 발전과 사업 이익 동시에 꾀하는 복합형 진출

대부분의 신흥국은 산업화를 통해 국민의 의식주 문제를 해결하려 한다. 그러나 인프라 등 각종 자원이 갖추어지지 않아 정체 상태에 머물러 있는 경우가 많다. 진출하려는 기업의 입장에서도 이러한 상황에서 투자 결정을 내리기가 쉽지 않다. 이때 필요한 것이 여러 요소들을 동시에 공급하는 복합형 진출이다.

신흥국 현장에 가보면 대부분 허허벌판인 경우가 많다. 이러한 허허벌판에 도로와 전기, 상하수도와 산업 및 주거시설을 한꺼번에 공급하는 것이 복합형 진출이다. 개별 요소별로 공급할 경우 많은 시간과 비용 등 지나치게 많은 초기 진입비용이 부과되기 때문에 매우 어렵다. 따라서 선발 기업이 역량을 모아 한꺼번에 공급하는 전략이 필요하다.

복합형 진출전략의 핵심은 경제발전에 필요한 각종 요소들을 묶어서 체계적으로 공급하는 역량이라 할 수 있다. GE, 시스코, ABB 같은 글로벌 기업들이 현재 이러한 역량을 갖추고 주로 건설 분야에서 복합 개발을 담당하고 있다. 따라서 한국 기업들도 복합형 진출에 필요한 역량을 키워야 한다.

복합형 진출전략에서 반드시 기억해야 할 것은 진출하는 측의 이익뿐 아니라 대상국의 발전에도 초점을 맞추어야 한다는 점이다. 사업적 관점에서 접근하면서도 동시에 신흥국의 경제발전을 고려한다는 점에서 상생복합형 진출이라 할 수 있다. 신흥국의 사회사업을 수도하는 사회단체나, 정부의 공적개발원조(ODA), 한국국제협력단(KOICA) 등 각종 원조기관도 복합형 진출을 두울 수 있다. 기업의 사회봉사활동 주체 역시 복합의 틀 속에서 전략적으로 시행할 필요가 있다.

기존의 신흥국 진출전략과 상생복합형 진출전략의 차이는 다음 표에서 확인할 수 있다. 상생복합형 진출전략은 상생이라는 진출 목적, 장기적인 이익 추구, 진출 대상국의 입장에서 마련된 패키지형의 단계적 진출, 현지 기업·정부·소비자 등과의 협력적 발전관계 유지, 사회적 책임 중시 등을 핵심 내용으로 한다.

복합형 진출의 유형과 효과

복합이란 개념은 두 가지 측면에서 살펴볼 수 있다. 하나는 진출 대상 지역의 입장에서 필요한 요소의 복합이고 다른 하나는 진출

구분	기존 진출전략	상생복합형 진출전략
진출 목적	일방적 시장 및 이윤 추구	상생(경제발전 경험 전수＋시장 및 이윤 추구)
수익 추구 기간	단기 수익 추구	장기 수익 추구
진출 형태	단편적, 일시적 진출	복합형(패키지형), 단계적 진출
사업 형태	경쟁, 점유	현지 국가·기업·소비자와 협력적 발전
대상국에 대한 사회적 책임	소극적	적극적 관심

주체, 즉 공급 주체의 복합이다.

대상 지역의 입장에서 필요한 제품과 서비스를 복합하는 방법에는 교통 인프라, 전력 인프라, 통신 인프라, 도시 개발, 산업단지 건설 등을 동시에 추구해 나가는 방법이 있다. 개별 요소를 단계적으로 준비하는 방안도 고려해야 한다. 다시 말해, 경제발전 초기에는 전력, 도로 등의 인프라가 필요하고, 이러한 인프라를 구축한 뒤에는 산업기반, 주거 여건, 기업 육성, 교육기반, 투자 유치 등이 필요할 것이며, 그 이후에는 인프라의 고도화, 기술혁신이 뒤따라야 할 것이다. 이렇게 발전 요소별·단계별 복합이 종합적으로 고려되어야 한다.

진출 주체의 복합이란 각 요소별 공급 주체를 최적으로 통합하는 것을 의미한다. 즉, 진출국 정부와 사회단체 등이 공동의 지배구조를 만들어서 필요한 부분을 함께 담당하는 것이다. 기업연합, 정부와 기업의 연합, 그리고 국제적 연합 등 다양한 형태가 가능하다.

주체 복합형 진출의 효과는 매우 크다. 우선 신흥국에 만연한

구분	진출 대상국 입장	진출 주체 입장
복합의 개념	경제발전에 필요한 요소들의 복합	각 요소를 공급하는 주체의 복합
복합의 내용	각종 인프라, 산업기반, 교육, 국방 등	기업, 정부, 사회단체
복합의 수준	전 국가, 지방정부, 도시 수준	기업 연합, 정부와 기업 연합, 국제적 연합
복합의 효과	빠르고 효과적인 지역 및 국가 발전	리스크 분산, 정보 및 거래비용의 절감, 각 요소와 패키지의 수준 제고
복합의 어려움	입찰방식으로 투명성 확보	지배구조 형성, 리스크 관리 등의 어려움

각종 리스크를 분산하거나 통제할 수 있다. 또한 현지 정보 네트워크 등 각종 사업기반이 되는 경영 자원을 공유할 수 있어 거래비용을 절감할 수 있다. 마지막으로 각 요소 간의 시너지를 통해 전체 패키지 수준을 높임으로써 진출 대상국에 보다 큰 가치를 제공할 수 있다. 특히 넥스트차이나 국가에는 여러 가지 리스크가 존재한다. 대상국의 정치적 리스크(진출 대상국 정부의 신뢰성 담보), 투자금액의 조달 리스크(대규모 장기 투자자금 조달, 정부차관 제공 등), 초기 투자비용 리스크(대정부 관계 형성, 계획 수립, 사업성 조사 등) 등 종류도 다양하고 위험 수준도 높다.

복합형 진출의 전형적인 사례로는 일본이 인도에서 추진하고 있는 델리 뭄바이 산업회랑(DMIC) 프로젝트를 들 수 있다. 인도의 핵심 도시인 델리와 뭄바이를 교통 인프라로 연결하여 거점 도시와 산업단지를 개발하는 이 프로젝트는 일본 정부와 기업이 힘을 합쳐 인도 정부를 상대로 오랜 기간 준비한 끝에 진행되고 있다. 인도의 입장에서는 발전에 필요한 요소들이 복합적으로 개발되고, 일본의 입장에서는 개별 인프라를 동시에 공급할 수 있다는 점에서 상생복합형 진출의 대표적인 사례라 할 수 있다.

한국 기업의 과제

한국 기업들 역시 1997년 외환위기 이전에 복합형 진출에 해당하는 '컨트리마케팅'을 시도한 바 있다. 단기 수익만 보고 계열 회사별로 진출하는 것이 아니라 각사의 자금, 인력, 생산 관리 등 모든 부문의 역량을 패키지로 묶어서 진출 대상국에 제공하는 전략이었다. 그러나 당시 한국 기업들의 국제화 역량은 아직 높은 수준이 아니었고, 정부와 국가의 위상 또한 지금에 비해 매우 낮았기 때문에 추진에는 다소 무리가 있었다. 여기에 외환위기까지 겹쳐 정상적인 추진이 어려워졌다.

지금은 컨트리마케팅보다 주체나 대상의 측면에서 한층 확대된 진출을 시도해볼 수 있는 시기이다. 압축형 고도성장이 필요한 신흥국의 수요가 한층 커지고, 우리 기업과 정부의 역량 또한 매우 개선된 상황이라 성공 가능성이 높다.

따라서 상생복합형 사업 모델을 선제적으로 개발하고, 이를 신흥국에 실제로 적용할 수 있는 유망 사업을 발굴하는 것이 중요하다. 또한 이를 효과적으로 실행하려면 정부와 민간이 통합된 지배구조를 운영해야 한다. 통합 지배구조는 진출 대상국에 접근하는 초기 단계에서부터 마련해야 하는데 각자의 이해관계가 달라 추진이 쉽지만은 않다. 또 정보 공유를 위한 통합 플랫폼을 만들고 상생 마인드를 공유하여 해당국과의 장기적 신뢰관계를 구축하면서, 실현 가능한 프로젝트를 발굴해야 한다.

　진출국의 이익뿐 아니라 대상국의 발전에도 초점을 맞추는 상
생복합형 진출을 통해 한국경제와 신흥국 경제가 동반발전하는
기회가 많이 열리기를 기대해본다.

5 지역사회와 상생을 추구하라

기업 활동에 공식·비공식적으로 제약이 많은 신흥국 시장에서 성공적으로 사업을 이어 나가려면 사회적 관계에 대한 지속적인 투자가 필요하다. 그중에서도 지역사회와 우호적인 관계를 구축하는 것은 수요층을 확대하고 새로운 비즈니스를 발굴하는 데 있어 매우 중요한 요소다.

지역사회의 목소리에 귀기울이자

기업의 현지화는 선진국 시장과 신흥국 시장에서 모두 중요한 과제다. 기업은 지역사회와의 상생전략을 실행할 때 성공 가능성을 한층 높일 수 있음을 반드시 유념해야 한다. 신흥국 시장을 단순히 노동 및 자본 획득의 대상과 소비시장으로만 인식하고 접근한다면 비즈니스가 지속되기 어렵다. 따라서 신흥국에 진출하는 기업은 법적인 절차 외에도 지역사회와 소비자, 환경 문제 등을 모두 고려해야 한다.

인도에 진출한 코카콜라는 적법한 절차에 따라 용수를 끌어오고 오폐수를 처리했지만, 지역 농부들은 코카콜라 때문에 농업용수가 부족해지고 오염되었다며 2003년 전국적으로 불매운동을 진행했다. 이는 코카콜라의 브랜드에 큰 손실을 입혔다.

반면 말라리아로 고통받는 아프리카인들을 위해 살충제를 도포한 모기장 '오리세트 넷'을 개발하여 크게 히트한 일본의 스미토모화학은 현지화와 사업 성공이라는 두 마리 토끼를 잡은 대표 기업이라 할 수 있다.

일본의 리소과학공업(理想科學工業) 역시 현지화에 성공한 기업이다. 이 회사는 1994년 남아프리카공화국 만델라 정권의 흑인교육 강화정책에 부응하여 저렴하고 대량 복사가 가능한 아프리카형 고속 인쇄기를 개발하여 교육혁신에 기여했고, 아프리카 시장을 석권했다. 이처럼 지역사회와 상생하면서 사업에도 성공하려면 철저한 지역 연구를 바탕으로 파악한 현지 니즈를 사업으로 연결시키는 전략적 유연성이 요구된다.

지역 친화적인 현지화 전략으로 성공한 유니레버

신흥국 시장에서는 교육과 계몽을 동반한 마케팅 활동이 필요한 경우가 많다. 신흥국의 중·저소득계층 소비자들은 대부분의 제품을 처음 써보는 경우가 많다. 따라서 제품의 용도와 장점을 알리는 작업이 선행되어야 한다.

네덜란드의 생활용품업체인 유니레버가 인도에서 취한 두 가지 현지화 전략은 우리 기업들에게 시사하는 바가 크다. 유니레버는 '라이프보이(Lifebuoy)'라는 비누를 출시·홍보하는 과정에서 저소득층 농민을 대상으로 올바른 비누 사용 습관을 가르치는 LBSC[22] 프로젝트를 진행했다. 인도에서는 전체 인구의 10%가 항상 이질을 앓고 있고, 설사성 질환으로 매년 약 70만 명이 사망한다고 한다. 그 원인은 잘못된 손씻기 습관에 있었다. 비누는 눈에 보이는 오염을 씻기 위해서만 사용되었을 뿐 세균을 제거할 목적으로는 사용되지 않았기 때문이다. 인도 소비자들이 비누의 효용을 잘 몰랐던 탓이다.

유니레버는 인도 현지의 400여 개 NGO와 연대하여 전국의 학교에서 아이들과 학부모들에게 "깨끗해 보인다고 해서 안전한 것은 아니다. 비누로 손을 씻어야 위생적이다"라는 요지의 홍보 활동을 펼쳤다. 이를 위해 교육용 데모 키트를 개발하여 잠재 고객층을 계몽하면서 자사 비누의 살균 효과를 홍보했다. 2002년부터 현재까지 약 1억 2,000만 명이 이 교육을 받았다고 한다. LSBC 프로젝트를 통해 유니레버는 비누의 판매량을 증가시켰을 뿐만 아니라, 어린이들의 위생습관을 개선하여 영유아의 사망률을 낮추는 데 크게 기여했다. 사회적 이미지 구축에 성공했음은 말할

---

22 'LBSC(Lifebuoy Swasthya Chetana)'는 힌디어로 '건강을 일깨우다'라는 의미이다.

	인도 전체	도시	농촌 지역
비누	91.5	97.4	88.9
고형 세제	88.6	91.4	87.4
세제	86.1	90.7	84.1
치약	48.6	74.9	37.6
샴푸	38.0	52.1	31.9
도구용 클리너	28.0	59.9	14.6
크림	22.0	31.5	17.8
탈취제	2.1	5.5	0.6

자료: Euromonitor (2006). "Media Research Users Council and Hansa Research, Guide to Indian Markets 2006".

나위도 없다.

유니레버가 도입한 또 하나의 현지화 전략은 2000년에 시작된 샤크티 기업가정신 프로그램이다. 농촌 지역의 여성들을 판매요원으로 육성해 일자리를 제공한 것이다. 이들을 통해 유니레버는 지역사회와 밀착된 유통망을 구축할 수 있었고 농촌 지역의 소득 향상에도 기여했다. 2009년 말까지 유니레버가 판매요원으로 육성한 여성 인력은 4만 5,000명에 이른다.

LBSC 프로젝트와 샤크티 기업가정신 프로그램을 통해 매출을 대폭 늘리는 한편 위생환경을 개선하고 농촌 지역의 소득수준도 향상시킨 유니레버는 인도에서 가장 성공한 글로벌 기업이라는 평가를 받고 있다.

네슬레의 영양실조 개선사업

네슬레의 인도 법인도 현지 친화적인 기업 경영으로 성과를 거뒀다. 네슬레는 인도의 시골 지역을 위해 저지방 · 저염분의 매기면 (Maggi Noddles)을 개발했다. 세계 식량 프로그램에 따르면 2009년을 기준으로 인도 어린이의 약 43%가 영양실조에 걸려 있다고 한다. 특히 이 수치는 인도 시골 지역에 집중되어 있다. 매기면은 이런 소비자를 위해 개발된 건강 다이어트 식품으로 인도뿐 아니라 호주와 뉴질랜드에서도 인기를 끌고 있다.

네슬레가 신흥국에서 성공할 수 있었던 것은 저소득층을 대상으로 한 제품 개발뿐 아니라 근본적인 생활 개선을 위해 현지 기업보다 더 적극적으로 나섰기 때문이다. 네슬레는 현재 전 세계에 433개의 공장을 보유하고 있으며 공장 대부분이 농촌 지역에 있다. 그중 50% 이상이 신흥국에 설립되어 있다. 이러한 전략은 농가의 수입을 늘리고 생활환경을 개선시키는 부수 효과를 낳고 있다. 네슬레의 입장에서도 우수한 품질의 원재료를 안정적으로 확보할 수 있고 신흥국 시장의 상황을 현지에서 파악할 수 있기 때문에 '윈윈 관계'를 확보했다고 할 수 있다.

신흥국 경제발전을 지원하며 기회를 찾은 기업들

신흥국의 인프라 구축에 참여함으로써 사업 기회를 포착한 기업들도 있다. 남아프리카공화국 정부는 민주화 이후 전력 시장의 개방을 목표로 국영 전력회사인 에스콤(Escom)의 발전소 건설을 오랫동안 허가하지 않았다. 그 결과 대규모 정전사태가 자주 발생했다. 이 문제를 해결하기 위해 남아프리카공화국 정부는 2025년까지 합계 40GW의 신규 발전소를 세우기로 계획했다. 이

넥 스 트 차 이 나

러한 사업 기회를 놓치지 않은 곳이 바로 일본의 히타치제작소
였다.

2011년 1월, 요하네스버그에서 370km 떨어진 광대한 평야에서
히타치제작소가 석탄화력발전소 건설을 시작했다. 남아프리카공
화국에서 가장 큰 규모였다. 2017년까지 두 곳의 석탄화력발전소
가 건설될 예정인데, 히타치는 두 발전소에 설치될 보일러를 약
5,700억 엔에 수주했다. 발전 규모는 두 곳을 합쳐 약 10GW로,
이는 남아프리카공화국의 현재 발전용량인 43GW의 23%에 해당
하는 규모다. 국경을 초월한 수주전략의 성공 사례라 할 수 있다.

신흥국의 경제발전을 지원하는 과정에서 새로운 사업 기회가
만들어지기도 한다. 인도가 고성장을 지속하기 위해서는 인프라
정비가 필수적이었는데 그중에서 가장 취약한 부분이 도로와 전
력이었다. 도로가 농지 수용 문제로 진척이 늦어지는 상황에서
도로에 비해 토지 이권과 관련된 분쟁이 별로 없는 지하철 건설
이 속도를 내고 있다. 현재 수도 델리와 하리아나 주 구르가온(델
리국제공항 인근) 등 근교 도시 간 지하철 공사가 빠르게 진행되고 있
다. 델리의 지하철망 정비에는 일본의 엔 차관이 제공되어 일본
계 기업이 공사를 주도하고 있다.

인도는 전력 부족 문제도 맞고 있다. 경제성장에 따라 급격히 증
가하는 전력 수요를 공급이 제대로 따라가지 못하기 때문이다. 인
도 정부도 이러한 상황을 인식하고 전력 인프라 정비에 4,750억
달러를 투자할 예정이다. 또 발전량의 절반 가까이가 송전 과정
에서 낭비되거나 도전(盜電)당하고 있다는 주장도 있어 인도 정부

는 스마트 그리드 기술을 도입하는 사업을 추진하고 있다. 현재 일본 기업 4개사(히타치, 도시바, 미쓰비시중공업, 닛키)가 스마트 그리드 기술 도입을 포함한 스마트 커뮤니티 건설 계획에 참여하고 있다.

많은 글로벌 기업이 신흥국 시장 진출에 사활을 걸고 있다. 그러나 신흥국의 소득수준이 아직 선진국에 비해 낮다는 점을 고려한다면 장기적 관점에서 현지 사회와의 상생을 통한 동반성장은 반드시 고려해야 할 전략이다. '급할수록 돌아가는' 지혜가 어느 곳보다 요구되는 시장이다.

현지 기업과
제휴하라

부족한 인프라, 정치경제적 불안정 등 불리한 경영환경에서도 생존할 수 있는 능력[23]을 갖춘 신흥국 기업들은 언젠가 글로벌 시장에서 강력한 경쟁자로 등장할 가능성이 높다. 따라서 신흥국 시장에 진출하고자 하는 기업이라면 반드시 시장의 경쟁구도와 함께 현지 글로벌 기업의 실체를 면밀히 파악해야 한다. 이들을 극복하고 활용하기 위해서다. 시장을 공략하는 과정에서 이들과의 경쟁은 불가피하다. 글로벌 시장에서 확보한 경쟁우위를 앞세

---

23 신흥국 글로벌 기업은 선진국 글로벌 기업과 달리 낮은 인프라, 관료주의, 규제의 불확실성, 취약한 교육 시스템 등 열악한 경영환경에서도 생존할 수 있는 능력(역경이 제공하는 경쟁우위, adversity advantages)을 보유하고 있는 것으로 평가된다.

워 정면으로 맞서는 방법도 있겠지만, 때로는 현지 기업으로부터 한수 배우겠다는 겸허한 자세로 접근하는 것이 유리할 수도 있다. 현지 기업과 상생하는 전략을 추구하자는 것이다.

전략적 제휴로 성공한 스즈키 자동차

신흥국 시장을 효과적으로 공략하기 위해서는 현지 기업과의 전략적 제휴나 합작을 통해 B2B(핵심 부품 공급) 시장에 진출하는 방안을 모색해보는 것이 좋다. 과거에 일본 기업이 성장하는 한국 기업을 사업 파트너 삼아 성공했듯이, 한국 기업도 신흥국 기업들에게 이 전략을 적용해볼 수 있다.

현지 정부가 전략적으로 육성하는 산업 분야에서 합작을 추진하는 것도 바람직하다. 인도의 자동차 시장에 일찌감치 진출하여 탄탄한 입지를 구축한 일본의 스즈키자동차가 대표적인 경우다.

인도의 자동차산업은 1930년대부터 완전조립 생산이 가능했다. 하지만 1983년까지는 외자 규제, 수입 규제, 승용차 생산의 총 중량 규제 등 각종 규제가 많아 산업이 정체하고 있었다. 규제가 완화되고 일본의 스즈키자동차와 인도 정부가 합작한 회사 마루티 우디옥(Maruti Udyog, 2007년에 마루티스즈키로 변경)이 소형차 '마루티 800'을 생산하기 시작한 1983년에 이르러서야 인도의 자동차산업은 본격적인 궤도에 올랐다. 스즈키자동차는 현지 및 일본 부품업체와의 기술제휴와 합작을 통해 현지에 진출하여, 일본식 경영으로 생산성을 향상시키고 품질을 개선하는 등 인도의 자동차산업 발전에 크게 기여했다. '마루티 800'의 현지 부품 조달률이 100%에 가까운 것은 인도의 많은 부품 기업을 지도하고 육성한 결과다.

1993년 이후 인도 정부가 시장 개방과 자동차산업 육성정책을 잇달아 발표하자 GM, 포드, 도요타, 혼다, 피아트, 다임러 크라이슬러, 현대자동차 등 주요 자동차업체들이 속속 진출했다. 이때까지만 해도 인도에서 승용차를 생산하는 기업은 힌두스탄, 마루티 등 5개 사뿐이었으나, 현재는 상용차까지 포함하여 16개 사가 경쟁하고 있다. 하지만 2010년 3월, 연간 자동차 생산대수 100만 대를 달성한 마루티스즈키는 인도 승용차 시장에서 약 50%의 압도적인 점유율을 확보하고 있다.

해외 M&A, 성장하는 시장에 올라타기

신흥국 기업을 타깃으로 한 M&A의 목적은 최근 10년 사이 크게 바뀌었다. 2000년대 전반까지는 대형 다국적기업이 주로 생산비용이나 조달비용을 절감할 목적으로 진행했으나 최근 몇 년간은 유망 소비시장인 신흥국에서 성장 기회를 잡기 위한 M&A가 증가하는 추세다. 대기업과 중소기업을 포함한 다국적기업, 그리고 중국과 인도 같은 일부 신흥국 기업도 매수 주체로 나서고 있어 시장의 저변이 확대되는 중이다.

신흥국 기업은 성장성과 리스크라는 상반된 요소를 모두 갖추고 있지만 전체적으로는 아직 저평가되어 있는 것이 사실이다. 경영자의 관점에서 보면 M&A는 현저한 성장세를 보이고 있는 시장에서 단숨에 교두보를 구축할 수 있는 매력적인 수단이다.

시장을 개방하고 있는 신흥국 중에는 사업 라이선스나 출자에 관한 규제가 예상보다 엄격하여, 합병이나 현지 파트너와의 제휴를 진출 조건으로 내거는 경우가 있다. 이때 현지 기업과 손을 잡으면 정부의 정책에 효율적으로 대응할 수 있다. 아프리카에서 자원 개발을 하기 위해서는 주변 인프라의 정비, 사회적 문제에 대한 대응, 정부 리스크나 현지 기업의 신용 리스크 등 추가적인 리스크에 대응해야 하기 때문에 현지 기업의 노하우가 반드시 필요하다. 이러한 장벽이 없는 경우에도 M&A는 매력적인 수단이다. 시시각각 변화하는 시장에서 단기간 내에 고객, 사업 노하우, 네트워크를 구축할 수 있기 때문이다.

신흥국 M&A에서 고려해야 할 포인트

물론 과제도 있다. 보스턴 컨설팅그룹이 수년 전에 실시한 조사에서는 신흥국 기업과의 M&A와 그 후의 통합 과정에서 고려해야 할 세 가지 포인트가 부각되었다.

우선 매수 대상을 선택하는 단계에서는 신속한 의사결정이 필요하다. 하지만 기업이나 업계에 관한 정보가 부정확하고 불충분한 경우가 많아 이러한 환경에서 결정을 내린다는 것은 쉽지 않은 일이다. 따라서 최고경영자의 추진력을 바탕으로, 신속한 의사결정 시스템이 마련되어야 한다. 또한 정확한 정보를 수집하는 것이 중요하다. 현지의 투자은행 등 파트너를 통해 신뢰할 수 있는 정보를 수집하는 것은 물론, 경험이 풍부하고 리스크 감지능력이 뛰어난 프로젝트 팀을 만들어 사업환경에 관련된 투명성을 확보해야 한다.

실행 단계에서는 이해관계자와의 관계 구축이 특히 중요하다. 신흥국에서는 종종 정치적 요인으로 인해 M&A가 좌절되는 경우가 있다. 때로는 외국계 기업이 현지 기업에 투자하는 것 자체를 정부가 규제하는 경우도 있다. 동남아시아의 금융기관을 인수한 한 유럽 대형 금융기업의 최고 책임자는 "정부와 규제당국에게 우리들의 진출이 어떤 메리트를 주는지 설명하고, 다양한 방법을 동원해 설득했다"고 말하기도 했다. M&A를 가로막는 규제를 변경하기 위해 정부나 당국이 나선 경우도 있다. 따라서 대상 기업 소유주의 의향이나 정치적 요인을 고려하여 실행 가능한 계획을 세우는 것도 중요하다.

M&A 후 통합 자업을 할 때도 장벽은 존재한다. 문화와 관습이 전혀 다른 지역에서 기업을 통합한다는 것은 말할 수 없이 어려운 일이다. 이때 중요한 것이 현지 경영진과의 유대관계다. 이러한 점을 고려하여 기존 경영체제를 최대한 유지하고 핵심 인물을 방출하지 않는 '라이트 터치(light touch)' 전략을 활용하는 다국적기업도 있다. 인도에서 사업을 하는 타타그룹이나 베단타 리소시스(Vedanta Resources)는 인수처의 경영진을 잔류시켜 업무에 미치는 영향을 최소화하는 동시에 축적된 지식을 보호하고 있다. 아울러 문화 차이를 가시화하고, 중간 관리직을 현지에 파견함으로써 기업문화의 융합을 꾀하고 있다.

신흥국의 기업과 M&A에 성공한 기업들

신흥국 시장에서 성공하려면 여러 가지 장벽에 굴하지 않고 과감하게 M&A를 추진해야 한다. 특히 판매망이나 기술 등에서 보완적인 경쟁력의 원천을 갖고 있는 신흥국 기업에 대해서는 지분인수와 같은 전략을 적극 활용할 필요가 있다. 제품 포트폴리오를 확충하고 저비용 생산능력을 획득하기 위한 기업 인수도 적극 추진할 만하다.

일본의 3위 제약업체인 다이치산쿄(第一三共)가 인도 제약회사의 지분을 인수한 것은 대표적인 M&A 사례라 할 수 있다. 다이치산쿄는 신흥국 시장뿐 아니라 전 세계 제네릭 의약품 시장에서 경쟁력을 확보하기 위해 전략적 파트너를 물색해왔다. 결국 원가 경쟁력과 세계 4위의 의약품 생산국(수량 기준으로 세계 생산의 8%)이라는 점을 고려하여 2008년, 인도의 최대 제약업체인 란박시(Ranbaxy)의 지분 61%를 49억 달러에 인수했다. 란박시는 1961년에 설립되어 2010년 기준으로 전 세계 46개국에 판매망을 갖고 있는 세계적인 제네릭 의약품 생산업체다. 특히 전체 매출 중 브릭스 시장이 차지하는 비중이 26%에 달할 정도로 신흥국 시장 내에서 입지가 강했으며,[24] 제네릭 의약품 시장이 갈수록 확대되는 유럽에서도 입지를 넓혀가고 있었다.[25] 다이치산쿄는 기업 인수를 통해 제네릭 의약품 시장에서 세계 10대 기업에 진입했으며, 란박

---

24 란박시는 브라질에서 이미 최대 외국 제네릭 의약품 공급업체였다.
25 란박시는 프랑스 RPG Aventis SA를 인수하여 프랑스 제네릭 의약품 시장의 리더로 부상했다.

시의 제네릭 의약품 관련 기술과 자사의 신약 개발기술을 접목하여 글로벌 강자로 부상할 수 있었다.

중동·아프리카의 소비자와 시장을 이해하기 위해 이들 지역의 기업에 접근하는 기업들이 늘고 있다. 프랑스의 복합기업인 비방디(Vivendi)는 아프리카 통신 시장에 진출하기 위해 모로코의 마록텔레콤(Maroc Telecom) 주식을 절반 이상 인수했다. 또한 프랑스에 본부를 둔 세계 최대의 시멘트기업인 라파즈(Lafarge)는 이집트의 오라스컴(Orascom) 계열의 건설회사를 인수하여 석유 자원이 풍부한 중동과 지중해 연안에서 사업기반을 구축했다. 또한 스웨덴의 프리미엄 백색가전업체 일렉트로룩스(Electrolux)는 2011년 9월에 중동과 북아프리카 시장을 공략하기 위해 지난 30년간 협력관계를 유지해온 이집트의 최대 백색가전업체 올림픽그룹(Olympic Group)의 지분을 완전히 인수했다.

전략적 제휴와 M&A는 그동안 국내 기업들이 그다지 관심을 갖지 않았던 전략이다. 그러나 기간과 비용을 줄일 수 있는 가장 효과적인 수단인 것은 분명하다. 시장 선점 측면에서도 적극 활용해야 할 전략이다. 하지만 다국적기업들이 앞다투어 신흥국의 유력 기업을 협력 파트너로 물색하고 있어 국내 기업으로서는 '기회의 창'이 점차 줄고 있는 상황이다. 현지 기업과의 '윈윈 관계'를 통해 신흥국 시장에서 기회를 선점하겠다는 자세로 빠른 대응에 나서야 할 때다.

7 잠재된 리스크에 대비하라

생산기지로 주목받던 넥스트차이나 국가들이 소비시장으로 급부상하면서 글로벌 기업들이 앞다투어 이 시장에 진출하고 있다. 하지만 신흥국이 안고 있는 잠재적 리스크에 대해서는 대비가 미흡한 것이 현실이다. 넥스트차이나 시장에서 성공하기 위해서는 정치, 경제, 사회, 문화 등 현지에 내재되어 있는 다양한 리스크를 철저히 파악하고 대비할 필요가 있다.

리스크를 구분하는 방법은 다양하다. 가장 일반적인 방법이 비즈니스 리스크와 운영 리스크로 구분하는 것이다. 비즈니스 리스크란 외부 경영환경의 변화로 인해 발생하는 리스크로 통제하기가 매우 어렵다. 반면 운영 리스크는 기업의 내부 요인에 의해 발생하는 리스크로서 가치사슬 상에 내재한 모든 리스크를 총칭한

● 신흥국 시장의 잠재 리스크 유형

구분	리스크 유형	사례
비즈니스 리스크	거시경제 리스크	경기침체, 물가불안, 경상수지 적자 확대, 급격한 환율 변동, 원자재 및 인건비 급등
	정치적 리스크	정치적 불안정, 사회 불안, 정부정책 급변, 설비 및 자산 몰수 등
	지적재산권 관리	지적재산권 침해, 기술 유출
	윤리규정 위반 리스크	뇌물수수 등 윤리규정 위반, 송금 및 투자회수 제한, 계약 및 규제 위반, 환경규제 강화
운영 리스크	연구개발(R&D) 리스크	현지 개발 실패, 개발정보 유출
	생산 리스크	현지 품질관리 실패, 신사업 론칭 실패, 현지 공급망(supply chain) 관리 실패 등
	영업 리스크	현지시장과 판매전략의 미스매칭, 재고 관리 실패
	재무 및 회계 리스크	유동성 부족, 회계 부정, 채권 관리 실패
	인사관리(HR) 리스크	현지 인재 확보 실패, 현지인 관리 실패(노사 관리 실패), 현지 지역 전문가 부족

다. 위의 표는 넥스트차이나 시장에 잠재되어 있는 리스크 유형
을 정리한 내용으로, 그중 기업이 반드시 숙지해야 할 리스크 유
형을 소개하고자 한다.

펀더멘털로 확인하는 거시경제 리스크

기업은 제일 먼저 신흥국의 경제성장에 영향을 줄 수 있는 거시
경제 리스크를 파악하고 그에 대한 대응책을 마련해야 한다. 이
를 위해서는 각국의 거시경제 펀더멘털을 수시로 파악하는 것이
중요하다.

　현재 넥스트차이나 국가 중 거시경제의 펀더멘털이 가장 취약
한 국가와 상대적으로 강한 국가는 어디일까? 영국의 경제주간
지 《이코노미스트》는 2011년 6월, 소비자물가 상승률, 경제성장

률, 실업률, 대출 증가율, 실질금리, 경상수지 등 6개 항목으로 구성된 신흥국 22개국의 경기과열지수(Emerging-Market Overheating Index)를 발표했다. 넥스트차이나 국가들의 거시경제 펀더멘털을 가늠하게 해주는 지표 중 하나라 판단되어 여기에 소개한다. 이 지수를 비교해보면 아르헨티나, 브라질, 인도, 인도네시아, 터키가 위험한 국가로 분류되었는데, 외부 충격이 가해질 경우 버블 붕괴의 가능성이 상대적으로 높은 것으로 나타났다. 반면, 말레이시아, 파키스탄, 러시아, 남아프리카공화국 등은 경기과열 양상이 나타나지 않아 비교적 안전한 국가로 분류되었다. 기업들은 경제 및 금융지표를 근거로 한 조기경보 시스템을 갖추어 해당 국가의 거시경제 리스크 발생 가능성을 수시로 진단해야 한다.

법률 및 규제 변화와 관련된 정치적 리스크

넥스트차이나 국가들은 정치적 불안정성이 높아 정권이 교체될 때마다 정부의 정책기조 및 법률, 규제가 변경되는 경향이 많다. 이로 인해 사업 자체가 한순간에 물거품이 되는 경우도 있다. 예를 들면 규제 변경으로 인해 송금이 제약받을 수도 있고, 더 나아가 투자한 자산이 현지 정부의 소유로 귀속될 수도 있다. 또 자국 산업을 보호하기 위해 외국 기업에게 불리한 차별적 조세정책을 시행할 수도 있다. 특히 요즘에는 외국 기업이 환경 기준을 준수하지 않았다는 이유로 해당 정부로부터 불이익을 당하는 사례가 나타나기도 한다.

AGIP KCO[26]는 카자흐스탄의 카스피해 에너지 개발사업에 막

대한 초기 자본을 투자하며 뛰어들었다. 한창 개발사업이 진행되
던 중 카자흐스탄 정부는 AGIP KCO 측이 카스피해를 오염시켜
환경 관련법을 위반했다고 주장하면서 탐사작업을 3개월간 중지
시켰다. 사업 진행 도중에 강화된 정부의 규제가 개발사업의 발
목을 잡은 사례다. 이와 같이 현지 정부의 환경보호 강화조치는
외국 기업에 대해 영향력을 행사하기 위한 도구로 활용되곤 한
다. 자국에 대한 공헌도를 감안하여 규제를 차별적으로 적용하는
경우도 많다.

　신흥국은 정치적 리스크가 매우 큰 시장이다. 기업이 독자적으
로 이러한 리스크를 극복하는 데는 한계가 있다. 따라서 정부는
적극적인 외교 노력과 함께 투자협정 체결 등 다양한 법석·제노
적 장치를 마련할 필요가 있다. 한편 기업은 기업대로 전략적 가
치를 알리는 대국민 홍보를 게을리하지 말아야 한다. 이탈리아의
석유업체인 에니(ENI)는 1998년 남미 외채위기 당시 브라질 자원
개발에 5억 달러를 투자하면서 "친구를 위한 장기적 투자"라며
우호적인 여론 형성에 주력하기도 했다.

노하우 유출의 위험, 지적재산권 침해 리스크

지적재산권 침해 리스크란 현지 인력이나 합작기업이 생산 노하
우를 유출하거나 제품을 모방할 리스크를 말한다. 넥스트차이나
시장에 처음 진출하는 기업들은 현지 법인과 합작하는 형태를 취

---

26 이탈리아의 ENI 사가 주축이 된 국제 석유메이저 컨소시엄.

하는 경우가 많다. 이 경우, 합작기업에게 기술·생산 노하우 등
이 그대로 제공되기 때문에 지적재산권을 침해당할 우려가 높다.
이에 대비하여 지적재산권 보호체계를 갖출 필요가 있다.

　미국의 반도체업체인 인텔은 향후 신흥국의 지적재산권 침해
문제가 지속적 성장에 걸림돌이 될 것으로 판단하고 오래전부터
전문가를 확보하여 지적재산권 보호를 위한 다양한 프로그램을
가동하고 있다. 그중 하나가 거래 기업의 국가 수준을 3등급으로
분류하고, 각각의 등급에 따라 지적재산권 보호를 위한 차별적인
거래조건을 적용하는 것이다.

작은 것을 노리다가 큰 것을 잃는 윤리규정 위반 리스크

신흥국 시장에서 유리한 조건으로 비즈니스를 하려면 인맥을 동
원하고 정기적으로 금품 로비를 해야 한다고 생각하는 기업들이
많다. 하지만 최근 뇌물수수 등 윤리규정 위반 사건으로 많은 다
국적 기업들이 사업 기회를 박탈당하거나 기업 가치를 훼손시키
고 있다. 특히 윤리규정이 비교적 느슨하다고 알려진 중국, 러시
아, 베트남 등에서 윤리규정 위반 사건이 보도되면서 부정부패와
관련된 사업 관행이 국제적인 이슈로 부각되었다.

　2003년, 세계 최대의 PC업체인 휴렛패커드의 자회사가 800만
유로의 뇌물을 주고 대규모 사업 계약을 따낸 혐의로 러시아 당
국으로부터 조사를 받았다. 이 사건으로 휴렛패커드의 자회사는
사업 기회를 박탈당했을 뿐만 아니라 명성에도 상당한 손상을 입
었다. 미국 정부는 상장기업들이 해외에서 사업을 할 때 뇌물을

줄 수 없도록 법[27]으로 규정하고 있다. 2010년 3월, 독일의 자동
차업체 다임러 역시 10년간 중국, 러시아, 베트남, 나이지리아 등
에 소재하고 있는 자회사의 CEO들이 해외 사업을 성사시키기 위
해 뇌물을 제공했다는 사실이 밝혀지면서 1억 8,500만 달러의 벌
금을 추징당했다.

인텔은 비즈니스를 수행함에 있어 지적재산권 보호만큼이나
윤리규정 준수를 강조한다. 사업 수행에 불리한 요소로 작용한다
며 불평을 제기하는 직원도 있지만 인텔은 "작은 것을 노리다가
더 큰 것을 잃을 수도 있다"는 자세로 해외 사업 수행과 관련한
뇌물 공여를 강력히 금지하고 있다.

2008년 독일의 지멘스도 전 세계에서 332개의 프로젝트를 진행
하던 중 14억 달러의 뇌물을 제공한 혐의로 미국과 독일 검찰에 기
소되었다. 8억 달러의 벌금을 문 지멘스는 이를 계기로 윤리경영
전략을 짜기 위한 컨설팅 비용에만 8억 5,700만 유로(1조 5,622억 원)
를 쓰며 준법기업으로 탈바꿈했다.

시장 특성 파악이 관건인 영업 리스크

시장 개척을 위해 해외에 진출하는 기업들은 시장 내 경쟁관계,
고객의 소득수준, 생활 패턴 등 다양한 정보를 토대로 치밀한 전

---

27 뇌물방지협약의 주도국인 미국은 해외부패방지법(Foreign Corrupt Practices Act, FCPA)을 통해 위반
　사범에 대한 단속을 강화하고 있다. FCPA는 미국과 '연결고리'가 있는 미국 내외의 회사들이 외국
　공무원에게 뇌물을 제공하거나, 하려 했을 경우 이를 제재하는 법률이다.

락을 수립해야 한다. 그런데 잘 알려진 몇몇 국가를 제외하고는
대부분 정보가 부족한 것이 현실이다. 정보가 부족한 상황에서
현지 시장에 뛰어들 경우 시장 공략에 실패할 확률이 높다. 신흥
국은 같은 국가라 하더라도 지역별로 소득수준, 소비문화 등의
격차가 크다. 이 때문에 단일 전략으로 시장을 공략하다가는 실
패를 맛보기 쉽다.

넥스트차이나 시장에서 성공하기 위해서는 고유한 사업환경을
파악한 후, 그 특성에 맞는 비즈니스 모델을 여러 개 만들어둘 필
요가 있다. 그 다음 어느 도시에서 어떤 순서로 공략할지를 정하
여, 각각에 적합한 비즈니스 모델의 포트폴리오를 구축해야 한
다. 그때 자사의 사업 모델에 어떤 이노베이션을 적용하면 새로
운 시장을 개척할 수 있을지를 고민해야 한다. 이를 위해서는 직
접 도시를 방문하고, 그곳의 분위기나 열기를 직접 느껴보는 것
도 중요하다. 대도시를 방문하는 기업 간부는 많지만, 중소도시
까지 방문하는 간부는 많지 않다.

소비자 특성을 제대로 파악하지 않고 무작정 사업 확장을 시도
했다가 실패한 서브웨이의 사례는 이런 점에서 시사하는 바가 크
다.[28] 브라질의 거대한 소비시장에 매력을 느낀 패스트푸드 체인
서브웨이는 대도시인 상파울루에 입점하여 큰 성공을 거두었다.

---

28 브라질에서 현대화 시설을 갖춘 소매점은 70% 수준에 이르지만, 북부 지역에서는 이 비율이 55%로
크게 떨어진다. 많은 다국적기업들이 지역적 편차를 고려하지 않고 지나치게 초대형화 슈퍼마켓에
맞춰 판매 전략을 수립했다가 쓰라린 실패를 맛보았다.

　　　　　　　　　　　　　　　　　　　넥 스 트 차 이 나

그 후 내륙지방으로 점포를 확대하기 위해 대대적인 투자계획을 세웠다. 문제는 현지 고객에 대한 세밀한 분석 없이 비싼 인테리어로 치장하여 고급스런 분위기를 연출했다는 것이었다. 하지만 이러한 분위기는 오히려 소비자들에게 비싼 음식점이라는 인상을 주어 외면 받는 결과를 초래했다.

델컴퓨터의 실패 사례도 남다른 의미를 지닌다. 델컴퓨터는 처음 중국 시장에 진출할 때, 다른 선진 시장에서와 마찬가지로 소비자와 직거래를 하기 위해 막대한 자금을 들여 온라인 비즈니스 모델을 구축했다. 하지만 중국인들은 온라인 거래보다 실물을 보고 선택하는 오프라인 거래를 선호했다. 델컴퓨터는 부랴부랴 사업 모델을 수정하고 오프라인 유통망 개척에 자원을 투입했지만 큰 성과는 거두지 못했다.

정확한 현지 정보로 해결해야 할 유통 및 물류 리스크

낮은 임금과 높은 소비 잠재력은 시장의 매력도를 높이는 요소들이다. 하지만 인프라가 제대로 갖춰지지 않아 물류비용이 높아지고 운송시간이 길어지면 이러한 장점이 상쇄될 것이다. 따라서 기업들은 시장 진출을 하기 전에 물류 인프라를 미리 파악하고 물류전략을 세워야 한다. 선진국 시장과 달리 신흥국 시장은 정보가 불충분하고 물류망이 부족하여 진출이 용이하지 않다. 이럴 경우 회사 고유의 모델을 직접 적용할 것인지, 아니면 지역 파트너를 찾을 것인지를 결정해야 한다.

앞서 실패 사례로 들었던 델컴퓨터는 중국에 진출하면서 자사 판매 모델을 그대로 적용했지만 인터넷 구매가 보편화되지 않은 것을 확인하고는 뒤늦게 지역 파트너를 새로 물색하여 현지에 맞는 유통 구조로 변경했다. 또한 공급망을 아웃소싱하던 맥도날드는 러시아 시장에 진출한 뒤 지역 파트너와 함께 농부들을 직접 섭외하여 교육하고 투자하는 방식을 택했다.

인프라가 빈약한 상황에서 효과적인 유통 및 물류 전략을 세우는 것은 사업의 승패를 결정할 만큼 중요한 일이다. 넥스트차이나 시장은 지역별로 소비자의 기호나 행동의 편차가 크고, 물류가 복잡할 뿐만 아니라 유통 채널이 분산되어 있다. 전혀 다른 비용 구조와 사업 모델을 갖춘 현지 특유의 유통망이 현지 고객을 확실하게 사로잡고 있는 경우도 있다.

예를 들어 교통 정체가 극심한 인도 뭄바이와 그 주변 도시에는 '다바왈라(Dabbawalla)'라는 배달 네트워크가 있다. 이들은 매일 기차로, 교외에 있는 집에서 만든 도시락을 도심에 있는 사무실로 배달한다. 1880년에 만들어진 이 시스템에 고도의 기술이 사용되는 것은 아니다. 그저 5,000명의 배달원이 운반상자에 쓰인 색, 숫자, 기호를 보고 배달할 뿐이다. 하지만 배달사고가 날 확률이 100만 번에 여섯 번 정도일 만큼 매우 정치(精緻)한 시스템이다. 다바왈라는 압도적인 저비용(1인당 월급은 4,000루피(약 10만 원)라고 함), 고기능 공급 체인으로서 2,000만 명의 생활에 깊이 침투하고 있다.

기업은 비즈니스를 하는 과정에서 다양한 리스크와 반드시 직면하게 된다. 미개척 시장인 넥스트차이나에는 더욱 많은 리스크가 상존한다. "지피지기면 백전백승"이라는 격언처럼, 이 시장에서 성공하기 위해서는 잠재적 리스크를 파악하고 철저히 대비하는 자세가 요구된다. 물론 과거의 일본 기업들이 취했던 "돌다리도 두드려보고 건너는" 지나치게 신중한 전략은 시장 선점에 불리하게 작용할 수 있다. 그러나 "위험한 다리도 건너고 보자"라는 무모한 전략은 더 큰 문제를 야기할 수 있다는 점을 반드시 기억하자.

철저한 이해와 기다림의 미학으로
승부하라

2008년에 발생한 글로벌 금융위기는 세계경제의 판도를 바꾸어놓았다. 선진 경제권이 성장의 주도권을 상실한 반면, 견조(堅調)한 성장세를 지속하고 있는 신흥국 경제가 빠르게 부상한 것이다. 금융위기 이전만 해도 미국을 비롯한 선진국의 민간 수요가 세계경제를 견인하는 구도였다. 하지만 위기 이후 선진 경제권과 신흥 경제권의 회복 속도와 강도에 격차가 벌어지면서 신흥 경제권이 세계경제 회복을 견인하는 구도로 바뀌었다.

질적인 면에서도 신흥 경제권의 역할과 위상이 크게 높아졌다. 선진 경제권이 언제 금융 및 재정위기의 충격에서 벗어나 정상적인 성장세를 회복할지 가늠할 수 없는 반면, 신흥 경제권은 성장 모델의 점진적 변화를 통해 지속적 성장이 전망된다. 앞으로

10년간 신흥 경제권은 변화된 세계경제 질서의 틀 안에서 성장세를 유지하며 주도권을 확대할 것으로 예상된다.

넥스트차이나 연구는 글로벌 금융위기 이후 이러한 뉴노멀(New Normal)의 시대가 도래할 것을 가정하고 이루어졌다. 한국경제가 선진국 대열에 안착하기 위해서는 뉴노멀의 시대에 대비해야 한다. 특히 세계경제의 판도가 선진국에서 신흥국으로 넘어가는 이 과도기에 어떻게 대응하느냐가 한국경제의 미래를 좌우한다고 해도 과언이 아니다. 바로 이런 관점에서 우리는 중국에 이어 새로이 떠오르는 신흥국 시장을 주목하게 되었다.

넥스트차이나 시장은 기업들에게 '엘도라도'와 같은 기회의 땅이다. 그렇다 보니 많은 선진국 기업들이 앞다투어 진출에 나서고 있다. 지난 1980~1990년대에 선진국 시장에 진출하는 과정에서 홀대를 받으면서 눈물겨운 노력을 기울여야 했던 국내 기업들에게 이 시장은 상대적으로 손쉽게 느껴지는 시장일 수도 있다. 하지만 넥스트차이나 시장을 만만하게 봐서는 안 된다. 앞서 지적한 바와 같이 철저한 이해와 차별화된 특화전략, 그리고 상생의 정신으로 무장한 뒤에 접근해야 한다.

그렇다면 국내 기업들이 넥스트차이나 시장을 효율적으로 공략하는 방법은 무엇일까? 세 가지 포인트를 제시하고자 한다.

첫째, 소비자를 철저히 연구하여 그들에게 맞는 상품과 마케팅 기법을 선택해야 한다. 다양한 민족을 포함하고 있을 뿐만 아니라 지리적으로도 분산된 이 시장에서 누구를 타깃으로 하고, 어떠한 니즈에 대응해야 할지를 정확하게 파악해야 하는 것이다.

둘째, 효율적이고 효과적인 유통전략이 필요하다. 인도의 유니레버 사례에서 보듯이 혁신적인 유통전략을 갖고 비용 대비 효율이 높은 접근법을 실현하는 것이 중요하다.

셋째, 신뢰받는 브랜드를 구축해야 한다. 신흥국의 소비자들은 가격에 민감하면서도 브랜드 파워가 있는 상품에 대한 구매 욕구가 높다. 실제로 신흥국 시장에서 크게 성공을 거둔 대부분의 다국적기업은 높은 브랜드 파워와 인지도를 확보하고 있다. 광고와 독자적인 판매망, 애프터서비스 거점 등 고객 접점을 통해 브랜드에 대한 신뢰를 구축할 필요가 있다. 소비자가 꿈꾸는 더 나은 생활에 대한 동경에 호소하는 한편, 사용자 교육을 실시하여 신뢰받는 브랜드를 구축하는 것이 중요하다.

넥스트차이나 연구를 마치면서 마지막으로 당부하고 싶은 말이 있다. 많은 기업들이 신흥국 시장에서 단기간에 승부를 내고 싶어 할 것이다. 하지만 신흥국 시장을 잘 모르거나 만만하게 볼 경우, 실패할 확률이 높다는 점을 기억해야 한다. 신흥국 시장은 장기적인 안목을 갖고 접근해야 성공할 수 있는, '기다림의 미학'이 요구되는 시장이다.

다만, 글로벌 기업들의 각축장으로 변모하고 있다는 점을 감안하여 선제적인 투자를 통한 시장 선점이 중요하다. 기업들은 먹이사냥에 나선 사자와 같이 치밀한 시장 분석과 주도면밀한 사업 전략을 수립하고, 이를 일관되게 추진해내는 힘이 필요하다. 이를 실천에 옮긴 기업만이 떠오르는 신흥국 시장에서 새로운 성장의 기반을 마련할 것이다.